DIALOG STATT DOGMA

Wie wir gesellschaftliche Konflikte lösen, ohne zu spalten

Matthias A. Narr

Bibliografische Information der Deutschen Nationalbibliothek.

Die Deutsche Nationalbibliothek verzeichnet diese Publikation in der Deutschen Nationalbibliografie; detaillierte bibliografische Daten sind im Internet über http://dnb.dnb.de abrufbar.

Für Fragen und Anregungen:
info@eulogiaverlag.de

ISBN Softcover: 978-3-96967-412-3
ISBN eBook: 978-3-96967-413-0

Originale Erstausgabe 2024

Eulogia Verlags GmbH
Gerhofstraße 1–3
20354 Hamburg

Lektorat: Sandra Pichler
Satz und Layout: Tomasz Dębowski
Covergestaltung: Aleksandar Petrović

DIALOG STATT DOGMA

Wie wir gesellschaftliche Konflikte lösen,
ohne zu spalten

EULOGIA
VERLAG

Inhaltsverzeichnis

„Für meine Wegbereiter und ihre Frauen,
ohne die sie nur halb so groß wären."

AWFBRE

Prolog

„A principle is not a principle until it costs you something."

(William Bernbach, US-amerikanische Werbeikone, 1911 – 1982)

„Woke" ist der kulturelle Kampfbegriff schlechthin und spätestens seit Anfang der neuen Zwanziger auch in Deutschland omnipräsent. Die Allgegenwärtigkeit und Permanenz der Thematik lässt sogar die welterschütternden Krisen unserer Zeit beinahe vor Neid erblassen: Während die Corona-Pandemie, der Krieg in der Ukraine und das Wiederaufflammen des Nahost-Konflikts abwechselnd in unseren Fokus rücken, nur um dann doch in den Untiefen der kollektiven Vergesslichkeit zu verschwinden, bleibt der Streit um die „Wokeness" erstaunlich aktuell.

Damit soll nun keinesfalls der Eindruck erweckt werden, humanitäre Katastrophen seien per se weniger wichtig als die Frage, was heutzutage als „woke" oder auch „politisch korrekt" gilt. Vielmehr ist diese Gegenüberstellung ein Beispiel dafür, wie wir Menschen auch und gerade innerhalb der modernen Medienwelt funktionieren: Die Sau, die aktuell durchs Dorf getrieben wird, erfasst unsere ganze scheinbar immer kürzer werdende Aufmerksamkeitsspanne. Wir gewinnen den Eindruck, jetzt, aber wirklich jetzt scheint die Welt unterzugehen. Die armen Seelen, die in Krisenzeiten zu viel Medien konsumieren, werden dieses Gefühl kennen.

Wenn ich aktiv zurückdenke, bin ich selbst überrascht, wie oft mich dieses Gefühl mit meinen bescheidenen 34 Jahren bereits beschlichen hat: von 9/11 über die Finanzkrise 2009, die Flüchtlingskrise oder Donald Trump im Oval Office – alles schien auf seine Art unfassbar schlimm und beängstigend. Und doch hatten sie alle etwas gemein: Sie haben die Erdrotation nicht gestoppt.

Ich sage damit nicht, dass jede Krisenreaktion eine Überreaktion oder jeder Notstand vom Gefahrenpotenzial her gleichwertig ist. Das ist nicht der Punkt. Der Punkt ist, die menschliche Neigung zur emotionalen Dramaturgie zu erkennen. Dass die Medien hierbei eine gewichtige Rolle spielen, ist offensichtlich. Emotionen generieren Aufmerksamkeit, Klicks und damit Geld. Wie groß diese Rolle aber ist, sollen andere untersuchen. Unser Thema ist ein anderes: die aktuelle Hysterie um die „Wokeness" und weshalb das Thema gleichzeitig zu sehr und zu wenig ernst genommen wird.

Diese widersprüchliche These wird nicht die einzige sein, über die ein aufmerksamer Leser stolpert. Schon der Buchtitel arbeitet mit Gegensätzen – und das kommt nicht von ungefähr. Denn die ganze Thematik ist umringt von Widersprüchen, Logikfehlern, Wahrnehmungsfehlern und Kommunikationsfehlern – und zwar auf beiden Seiten. Ob pro woke oder contra woke: Es wird Zeit, mit einer Vielzahl an Mythen aufzuräumen und den Boden für einen wirklich fruchtbaren Diskurs zu diesem Thema zu bereiten.

Im Gegensatz zu den handfesten Krisen wie Kriegen, Terroranschlägen und Pandemien, mag der kulturelle Konflikt rund um die „Wokeness" nichtig erscheinen. Vielleicht ist er das objektiv betrachtet auch. Das heißt aber nicht, dass dieser Konflikt nicht ebenfalls wichtig ist. Zumindest können wir uns darauf einigen, dass diesen Konflikt viele für wichtig halten – und innerhalb eines kulturellen Rahmens reicht diese geteilte Wahrnehmung schon aus.

Was aber macht den Konflikt um die „Wokeness" so besonders? Warum fühlt er sich so wichtig an und verschwindet nicht ebenfalls allmählich im Hintergrund des gesellschaftlichen Bewusstseins? Aus meiner Sicht liegt das an drei Aspekten, die den Kulturkampf rund um „Wokeness" auszeichnen und gleichzeitig auf andere Krisen unserer Zeit nicht zutreffen:

- Das Thema berührt die meisten von uns fast tagtäglich.
- Das Thema hat eine spürbare Auswirkung auf unser Leben.
- Wir haben das Gefühl, Einfluss darauf haben zu können.

Dieses Buch richtet sich an alle, die noch nicht vollständig dem aktuellen Zeitgeist des Kulturpessimismus oder gar Zynismus erlegen sind. Also für diejenigen, die – wie ich – immer noch glauben, dass man Differenzen durch gute Gespräche, durch Verständnis und zielführende Kommunikation überbrücken oder Gräben zumindest verkleinern kann – und sollte. Da diese Zuschreibung ziemlich vage und wenig spezifisch klingt, folgt ganz automatisch, dass ich ein sehr breites Publikum anspreche. Das heißt, ich kann weder einen einheitlichen Wissens- noch Bildungsstand und schon gar keine großen sozio-kulturellen Schnittmengen annehmen.

Menschen mit viel Bezug zum Thema werden beispielsweise manche Begriffserklärungen langweilen, die ich für den unbedarften Leser mitliefern muss. Darüber hinaus zeichnet sich die Gesamtdebatte auch durch die unterschiedliche Definitionen und Verwendungen von Begriffen aus. Definitionen sind, entgegen weitläufiger Meinung, nicht richtig oder falsch, sie sind zweckmäßig oder unzweckmäßig. Deshalb ist es unerlässlich, im Rahmen dieses Buches explizit zu erklären, was ich worunter verstehe und was nicht. Umgekehrt wird der ein oder andere Leser manch zusätzliche Ausführung für unnötig erachten bzw. nicht tief genug im Thema sein, um die jeweilige Relevanz anzuerkennen. Um beide Extremfälle bestmöglich zu bedienen, ist fast jedes Kapitel in drei Abschnitte unterteilt:

1. Eine grundlegende Einführung in die Fragestellung und die Klärung wichtiger Begriffe
2. Eine tiefergehende Auseinandersetzung mit der Fragestellung des Kapitels
3. Eine Zusammenfassung der wichtigsten Punkte mit Einordnung in das große Ganze

Wer also schnell ans Ziel kommen möchte, kann auf den Mittelteil verzichten und sich Zeit und Mühe sparen. Selbstverständlich werden diesem Leser einige Informationen und vor allem Nuancen fehlen. Auch ohne den Mittelteil gelesen zu haben, sollte er nach Lektüre eines Kapitels auf solidem Fundament über dieses Thema sprechen und so in der Lage sein, etwas Positives zum gesellschaftlichen Diskurs beizutragen.

Aber auch der Leser, der sich mit dem Thema gut oder gar bestens auskennt, soll hier auf seine Kosten kommen: Ich verspreche einen differenziert-kritischen Blick auf beide Seiten, wenngleich ich mit meiner persönlichen Einschätzung nicht hinter dem Berg halten werde. Ich möchte neue Ansatzpunkte zum kritischen Umgang mit diesem Thema bieten und nicht nur gängige „Talking-Points" aufwärmen. Denn ich behaupte, vor allem die (tatsächlichen und selbsternannten) Experten laufen Gefahr, Opfer ihrer eigenen Position zu werden. Stichworte für diese Betriebsblindheit sind u. a. bestimmte kognitive Verzerrungen (siehe Kapitel II. „Bias") und die mangelnde Fähigkeit zum kritischen Denken (siehe Kapitel IV. „Skeptizismus & Kritisches Denken").

Ein wichtiger Hinweis: Dieses Buch ist keine wissenschaftliche Arbeit. Wer das Buch mit diesem Anspruch betrachtet und bewertet, wird enttäuscht sein, aber die angemessene Tiefe zu einem Thema ist immer eine subjektive Einschätzung und Abwägung vielerlei Aspekte. Unter Anbetracht der Breite der Zielgruppe wäre eine noch ausführlichere und wissenschaftliche Auseinandersetzung aus meiner Sicht kontraproduktiv. Ich schreibe hier also unter der Prämisse: im Zweifel für Verständlichkeit vor Ausführlichkeit.

Konsequenterweise werde ich nur in Ausnahmefällen auf externe Quellen verweisen, die zum weiteren Selbststudium anregen sollen, zum Verständnis des Buches aber nicht erforderlich sind. Das Buch soll eigenständig funktionieren. Zudem gibt es Hinweise darauf, dass Fußnoten und ein Literaturverzeichnis für Leser ohne akademischen Hintergrund eher hinderlich sind. Auf diese Barriere will ich verzichten – ich möchte aber jeden Leser ausdrücklich dazu auffordern, jedes meiner Worte kritisch zu hinterfragen und gegebenenfalls weiter zu recherchieren. Überhaupt ist das ein Ratschlag, den man im 21. Jahrhundert generell und bei jedem Medium befolgen sollte. Mein Buch bietet wertvolle Hinweise und Hilfsmittel dazu, insbesondere in den Kapiteln III. („Fehlschlüsse") und IV. („Skeptizismus & Kritisches Denken").

Womit wir beim letzten Teil dieses Vorwort angekommen wären: der Zielsetzung dieses Buches. Diese deckt sich mit meinem Schaffen auf meinem YouTube-Kanal (BiasedSkeptic): Es geht mir vornehmlich nicht um „Wissensvermittlung", sondern um das Analysieren und möglichst objektive Prüfen von Argumenten. Auch dort wird mir das nicht von allen Zuschauern geglaubt. Daher erwarte ich als Reaktion auf dieses Buch gleichermaßen die Unterstellung, eine bestimmte politische Agenda zu verfolgen.

Ironischerweise wird mir als BiasedSkeptic je nach Thema entweder vom extremen linken oder extremen rechten Rand die jeweils andere Agenda unterstellt – was aus meiner Sicht der beste Beleg dafür ist, keine Agenda zu haben. Ich behaupte damit nicht, dass dieses Buch neutral und objektiv sein wird. Diese Vorstellung ist utopisch und selbst wenn ich das als Ziel hätte, würde ich scheitern, denn ich bin genauso fehleranfällig und vorurteilsbelastet (englisch „biased", deswegen der Name) wie andere Menschen.

Damit will ich sagen: Natürlich wird an der ein oder anderen Stelle meine eigene Meinung durchschimmern, dennoch bin ich nicht derjenige, der alle Antworten hat – und das gebe ich auch nie vor zu sein. Ich versuche mich möglichst fair und ergebnisoffen mit schwierigen Themen auseinanderzusetzen. Mal funktioniert das besser, mal schlechter. Das liegt in der Natur der Sache. Ich hoffe, Impulsgeber und ein gutes Beispiel dafür zu sein, sich selbst und andere kritisch (mich eingeschlossen) zu hinterfragen. Wir können nur aktiv an der eigenen Denk- und Argumentationsweise arbeiten, um dann – hoffentlich – insgesamt zu besseren Schlussfolgerungen zu kommen bzw. die Gefahr zu reduzieren, gefährlichem Unsinn aufzusitzen und diesen zu verbreiten.

Für uns alle gilt: Egal, wo wir aktuell stehen und wie überzeugt wir davon sind, es ist ausgeschlossen, tatsächlich mit all dem richtig zu liegen, was wir so denken. Wer dem widerspricht, liegt garantiert mit verdammt wenig richtig. Intellektuelle Überheblichkeit ist kein guter Ratgeber und schön erfasst im sogenannten Dunning-Kruger-Effekt (siehe Kapitel II. „Bias"). Die Schwierigkeit liegt darin, herauszufinden, womit genau wir falsch liegen. Deshalb ist meine Kernbotschaft an dich nicht, zu übernehmen, was ich hier schreibe. Die Botschaft lautet kritisch über dieses Buch und über deine eigene Denkweise (und wohin sie dich führt) nachzudenken. Und das kann nur jeder für sich selbst tun. Denn das Denken, das Informieren und das kritische Hinterfragen liegen nur in deiner eigenen Hand.

Auf den Punkt gebracht, möchte ich vier konkrete Ziele mit diesem Buch erfüllen:

- Ich möchte die Grundlagen klären und einen Überblick verschaffen.
- Ich möchte gängige Denkfehler beider Lager aufzeigen und erklären, wozu sie führen.

- Ich möchte dazu animieren, sich mit beiden Seiten auseinanderzusetzen und so einen positiven Diskurs zu fördern.
- Ich möchte die notwendigen Hilfsmittel dazu bereitstellen bzw. zumindest eine erste Grundlage dafür schaffen.

Dass Offenheit und kritisches Denken unverzichtbare Bestandteile unserer Gesellschaft sind, sollte nicht nur propagiert, sondern auch gelebt werden. Das ist oft anstrengend und es erscheint viel leichter, sich auf eine Seite zu schlagen und stur dort zu verharren. Wenn einem das Prinzip der Wahrheitsfindung aber wichtig ist, dann muss man diesen Preis des Mehraufwands zahlen. Denn ein Prinzip ist nur ein Prinzip, wenn man es auch noch vertritt, sobald es einen etwas kostet – wie im Eingangszitat dieses Prologs formuliert.

Dein Interesse an dieser Thematik zeigt, dass du zumindest gedanklich bereit bist, dich über bestehende Grenzen hinwegzusetzen und verschiedene Perspektiven zu erkunden. Nur wer auch die Gegenseite verstehen will, kann sich eine fundierte Meinung bilden. Ich hoffe, dieses Buch vertieft dein Verständnis und bietet dir neue Einsichten. Nicht nur in die vielschichtige Welt des Diskurses rund um die „Wokeness", sondern auch hinsichtlich der kritischen und ehrlichen Meinungsbildung generell.

Fakten und Meinungen sind dynamisch, weil es jeden Tag neue Erkenntnisse über die Welt und unsere Lebensrealität gibt. Was heute gilt, kann morgen schon wieder über den Haufen geworfen werden. Deswegen ist gar nicht so wichtig, *was* wir denken, und so ist auch der Inhalt dieses Buches nicht dazu gedacht, gedankenverloren nachgeplappert zu werden. Es sollte, wie alles andere auch, einer kritischen Prüfung unterzogen werden. Eine möglichst saubere, rationale Denkweise garantiert zwar nichts, sie erhöht jedoch unsere Chancen, korrekte Schlussfolgerungen zu ziehen. Wie wir zur Erkenntnis kommen, also *wie* wir denken, ist als Mechanismus und Hilfsmittel zeitlos – und deswegen so besonders wertvoll.

I. Woke

„Beginne mit der Annahme, dass du falsch liegst."

(Matthias A. Narr)

Vor einiger Zeit hatte ich eine spätabendliche Unterhaltung zum Titel dieses Kapitels, die nach kurzer Zeit in lautem Gelächter endete, als uns klar wurde, warum so viel Verwirrung im Austausch vorlag: Mein Gegenüber ging die ganze Zeit davon aus, ich würde über das Modemagazin, die „Vogue" sprechen. Auch wenn mir all meine Französischlehrer jegliche Fähigkeiten in dieser Fremdsprache absprachen, so wage ich doch zu behaupten, dass das englische Wort „woke" und das französische Wort „vogue", schnell ausgesprochen, beinahe identisch klingen.

Jedenfalls trifft diese Anekdote den Nagel auf den Kopf – um kaum ein Thema gibt es so viele Missverständnisse. Zugegeben: Die meisten davon lassen sich nicht auf die Uhrzeit oder den Grad der Trunkenheit zurückführen und doch ist die Analogie leider sehr treffend. Auf beiden Seiten der Debatte hat man so manchmal das Gefühl, als hätte man es mit schwerbetrunkenen Kleinkindern zu tun. Aber der Reihe nach.

1. Begriffsklärung

Der Begriff „woke" ist das von „Wokeness" abgeleitete Adjektiv und entstand bereits in den 1970er Jahren in den USA. Dort wies er ursprünglich auf ein erweitertes Bewusstsein für Diskriminierung benachteiligter Personen und Gruppen hin. Man war also gewissermaßen „erwacht", was soziale Gerechtigkeit, insbesondere im Kontext von Rassismus, angeht.

Über die Jahre und Jahrzehnte erweiterte sich dieses Bewusstsein in Richtung weiterer Identitätsmerkmale wie Geschlecht, sexuelle Orientierung und sexuelle Identität.

Menschen, die heutzutage als „woke" bezeichnet werden, setzen sich also für die Belange unterdrückter Menschen ein, weil sie entweder zu dieser Gruppe gehören oder sich als „Ally", also Verbündeter, sehen. Es wird als politisch korrekt („PC" für „Political Correctness") und damit wünschenswert angesehen, sich für die Belange marginalisierter Gruppen einzusetzen.

Insbesondere Menschen, die der sogenannten weißen heteronormativen Mehrheitsgesellschaft angehören, also der „deutschen Norm" (was auch immer das genau sein soll) entsprechen, genießen demnach Privilegien, die Menschen mit anderer Hautfarbe, mit Behinderung, mit Migrationshintergrund, mit LGBTQ+-Zugehörigkeit nicht zuteilwerden. In „woken" Kreisen wird häufig die Position vertreten, dass die Deutungshoheit bestimmter Lebensumstände bei den Betroffenen liegt. Umgekehrt gilt es als verpönt, sich als Unbeteiligter eine Meinung, geschwiege denn ein Urteil, anzumaßen.

Aber was heißt das in verständlichen Worten? Ganz einfach: Wenn ich nicht Teil der betroffenen Gruppe bin, sollte ich mich raushalten, weil meine Meinung nicht wichtig ist. Dieses Ergebnis basiert auf zwei Prämissen: Erstens könne man sich als nicht diskriminierter Mensch nicht in die Lage der Betroffenen versetzen und zweitens müsse man deren Lebensrealität akzeptieren, weil alles andere eine weitere Form der Diskriminierung darstelle. Merken wir uns diese zwei Prämissen für einen Moment und betrachten meine Ausgangslage: Mann? Ja. Weiß? Sogar blond! Deutscher Name? Matthias Albert. Heterosexuell? Verlobt mit einer Cis-Frau. Cis-Gender? Yes. Studiert? Logo. Studium abgeschlossen? Sogar zwei. Eltern? Haben das Studium finanziert. Schläge? Gab's auch keine. Behinderung? Keine diagnostizierte. Mehr Privileg geht nicht. Das ist die „gute Nachricht".

Ich habe die genetische und soziale Lotterie also gewonnen – und damit gleichzeitig das Minoritätsbingo verloren. Und das ist die „schlechte Nachricht." Denn wie wir gerade gelernt haben, gehöre ich zu keiner diskriminierten Gruppe, kann mich also in keine Lebensrealität einer von Diskriminierung betroffenen Person hineinversetzen und muss deren Deutung ihrer Lebensrealität widerspruchslos akzeptieren.

Um es ganz deutlich zu machen: Ich bestreite die erste Prämisse nicht im Geringsten. Ich kann mir nicht vorstellen, wie es ist, unter Diskriminierung oder ohne meine Privilegien zu leben. Auch die zweite Prämisse spreche ich keinem Individuum ab: Wie sich das Leben für eine betroffene Person anfühlt, kann tatsächlich nur das spezielle Individuum wissen und beantworten. Und jetzt werde ich das Wort ausschreiben, auf das ich den gesamten Absatz hingearbeitet habe und bei dem manche Leser das Buch bereits wütend schließen werden: Aber.

Wie der große fiktive Philosoph Bernd Stromberg mal sagte: „Wenn einer 'n dicken Haufen legt, dann kann ich nicht sagen: ‚Hmmm, das ist ja mal lecker Schokopudding!'" Damit sage ich nicht mal im Ansatz, dass die Erfahrungen der von Diskriminierung betroffenen Personen diesem Haufen entsprechen. Sondern ich spreche über die Schlussfolgerung mancher Betroffener und ganz vieler sogenannter „Allies" (deutsch: Verbündete): dass der Wert einer Meinung zu einem Thema mit dem Besitz oder Mangel an Privilegien sinkt oder steigt.

Einfach gesagt: Ein Fakt ist ein Fakt, unabhängig davon, wer ihn äußert. Ist der Erfahrungsbericht einer betroffenen Person der beste Datensatz, den wir zu ihrer eigenen Lebenserfahrung haben können? Zweifellos. Ist die individuelle Wahrnehmung der Person zu respektieren? Unbedingt. Und dennoch dürfen wir – Ver- und Anstand vorausgesetzt – trotzdem kritisieren, was Betroffene und Allies teilweise daraus machen. Und da sind wir bei besagtem Haufen angekommen.

Dieses Zitat ist nicht nur gewählt, weil die Serie Stromberg gleichermaßen grandios wie provokativ und kontrovers ist, sondern auch das Bild mit brauner Farbe trifft, das in unserem Kopf entsteht, wenn wir daran denken: Wenn ich beginne, erst mal die Eigenschaften einer Person zu prüfen und dann zu entscheiden, ob ihre Meinung in einer gesellschaftlichen Diskussion Gewicht haben sollte, dann bewege ich mich so weit auf totalitärem Boden, dass es mit den ursprünglichen Gedanken einer „woken" Bewegung aber auch gar nichts mehr zu tun hat.

Wenn ich nicht sprechen darf, weil ich weiß bin, ist das Rassismus. Wenn ich nicht sprechen darf, weil ich männlich, hetero oder cis bin, dann ist das Sexismus. Es werden also genau die gleichen diskriminierenden

Mechanismen verwendet, die man eigentlich besiegen möchte. Diese traurige Ironie bleibt einem Teil der Betroffenen und Allies völlig verborgen, einem anderen Teil ist sie bewusst. Wie genau die Verteilung ist, vermag ich nicht zu sagen. Ganz sicher ist aber, dass die gängige Antwort auf meinen hier ausgeführten Kritikpunkt lautet: Uns ist egal, dass wir diese Methoden anwenden, solange es die Richtigen trifft. Und zu den Richtigen gehöre ich – weil Menschen wie ich in der Vergangenheit so viel von diesem System profitiert haben, dass ich heute Ungerechtigkeiten auf dieser Basis nicht nur stillschweigend hinnehmen, sondern am besten noch lautstark Abbitte dafür leisten und um Vergebung bitten sollte. Warum „Wokeness" intrinsisch diskriminierend ist, behandle ich ausführlich in Kapitel XI („Der identitätspolitische Bumerang"). Im Kapitel X („Identitätspolitik") gebe ich einen kurzen Überblick zur grundlegenden philosophischen Herleitung des theoretischen Unterbaus.

Mir geht es in keinster Weise darum, mich oder andere Menschen, die die ähnlichen Häkchen im Minoritätsbingo setzen (oder nicht setzen), als Opfer zu inszenieren. Ich bin privilegiert und das ist mir bewusst. Ich will mich aber trotz oder gerade wegen meiner Privilegien dafür einsetzen, dass solche diskriminierenden Mechanismen komplett aus der Gesellschaft verschwinden und es nicht salonfähig wird, dass sie für die gute Sache sozialer Gerechtigkeit missbraucht werden. Denn das ist kein Fortschritt, das ist beängstigender Rückschritt. Wer Feuer mit Feuer bekämpft, ist keinen Deut besser als der erste Brandstifter. Vielleicht ist er sogar schlimmer, weil er die Konsequenzen eines Großbrandes erlebt hat und es besser wissen müsste.

Wenn ich mich zu irgendwelchen Belangen äußere, könnte also immer jemand sagen, dass ich mich aus meiner privilegierten Position ja gar nicht dazu äußern dürfte und lieber Betroffenen zuhören sollte. Und dennoch schreibe ich dieses Buch. Obwohl diese Argumentation, in der Tat, auch häufig in der Kommentarspalte zu meinen YouTube-Videos zu lesen ist. Aber ich möchte hier mit ein paar falschen Annahmen aufräumen:

1. Ich lebe in einem freien Land und ich äußere mich, wie und wozu ich möchte (im gesetzlichen Rahmen, versteht sich).
2. Die Cancel-Culture-Stimmen sind weder so laut, präsent oder mächtig, wie mancher „Wokeness"-Gegner denkt.

3. Die Cancel-Culture-Stimmen sind weder so stumm, so rar oder machtlos, wie mancher „Wokie" meint.
4. Wer dieses Buch auf den Index verbannen möchte, schießt ein klassisches Eigentor, indem er Punkt zwei widerlegt und Punkt drei bestätigt.
5. Wer dieses Buch toleriert und sich sachlich mit dem Inhalt auseinandersetzt, serviert ein Ass, indem er Punkt zwei widerlegt und Punkt drei bestätigt.

Mir ist bewusst, dass die Selbstzuschreibung als „woke" rückläufig ist – vornehmlich, weil der Begriff inzwischen als „von rechts gekaperter Kampfbegriff" angesehen wird. Auch ist die Bezeichnung „Wokie" eher despektierlich gemeint. Sämtliche mit der „Wokeness" assoziierten Begriffe wie „woke", „Wokie", „PC", „Social Justice Warrior" etc. werde ich im Laufe dieses Buches verwenden. Nicht, weil ich damit Öl ins Feuer gießen möchte, sondern weil sie das beschreiben, was Gegner und unbedarfte Zuschauer als Phänomene beobachten. Die Begriffe sind in meiner Verwendung also nicht wertend, sondern beschreibend und aus Gründen der Vereinfachung zu verstehen.

2. Die Fehler auf beiden Seiten

Je emotionaler ein Thema aufgeladen ist, desto schwerer fällt es uns, rational zu bleiben. Das kennt jeder, der schon mal einem Beziehungsstreit von außen zugeschaut hat. Als Unbeteiligter ist es immer einfach, gute Ratschläge zu geben, und man ist irritiert, weshalb sich vermeintliche Lappalien zwischen zwei Partnern zu einem handfesten Streit hochschaukeln können. Steckt man aber selbst mittendrin, übernehmen unsere Emotionen das Steuer und ehe man sich versieht, führt man einen Streit, bei dem man irgendwann gar nicht mehr weiß, wie er eigentlich losgegangen ist.

Auch wenn mir als YouTuber regelmäßig eine bestimmte Agenda, eine Zugehörigkeit zu einer Partei oder sogar auf irgendwelchen Gehaltslisten zu stehen unterstellt wird, weiß ich mich selbst in der Lage, mehr oder weniger neutral auf das Thema schauen zu können. Weder habe ich jemals irgendeiner Partei angehört noch bin ich von jemandem bezahlt. Wer mich unterstützt, tut das über Spenden oder durch den Kauf dieses Buches und hat keinerlei Einfluss auf meine Meinungen oder Positionen. Das Gleiche gilt für eine Handvoll ausgewählter Werbepartner, mit denen ich auf meinem Kanal zusammenarbeite und die für jedermann einsehbar sind.

Das bedeutet zwei positive Dinge und gleichzeitig zwei weitere Dinge nicht: Ich bin und bleibe als selbstständiger Unternehmer unabhängig. Damit dürfen meine Äußerungen authentisch bleiben. Die schlechte Nachricht ist, dass ich weder völlig objektiv noch mit einer gemäßigten Position, irgendwo zwischen den beiden Extremen, zwingend richtig liege. Beide Einschränkungen werde ich in den Kapiteln II. („Bias") und VI. („Die goldene Mitte") näher erklären.

Meine Behauptung an dieser Stelle lautet lediglich, dass ich objektiv*er* und rational*er* auf die Sachlage blicken kann. Objektivität und Rationalität erhöhen generell die Chancen, der Wahrheit näher zu kommen – sind aber beileibe keine Garantie dafür, sie am Ende auch zu finden. Ein wahrer Skeptiker weiß: Es ist nicht weise, davon auszugehen, die Antwort zu kennen. Weise ist, davon auszugehen, dass man falsch liegt – genau das wollte ich im Eingangszitat zu diesem Kapitel aussagen.

Im realen Leben generell und in Streitsituationen im Speziellen gehen wir aber davon aus, recht zu haben. Und so geht es auch jedem, der das Konzept von „Wokeness" befürwortet oder ablehnt. In diesen Kategorien zu denken, ist aber bereits der erste Fehler, der auf beiden Seiten passiert. Wir glauben, es könne nur zwei Positionen geben, und übersehen, dass wir es auch hier mit einem Spektrum zu tun haben. Menschen unterschätzen aufgrund von Heuristiken, dass die meisten Dinge nicht nach dem Prinzip 0 oder 1, Schwarz oder Weiß, Pro oder Contra ablaufen. Das hat einen einfachen Grund: Würden wir in unserem ganzen Leben immer und ständig ausführlich differenzieren, wären wir nicht in der Lage, wichtige (manchmal lebenswichtige) Entscheidungen zu treffen. Deswegen greifen wir auf Heuristiken zurück, also sozusagen auf Abkürzungen in unserer Wahrnehmung und Entscheidungsfindung, die meistens nützlich und sinnvoll sind, in spezifischen Ausnahmefällen aber unzureichend sein können. Das ist einer der Gründe für die menschliche Neigung, faustregelartig in die Kategorien „Freund" oder „Feind" zu unterteilen.

Wenn einer unserer Vorfahren vor Tausenden von Jahren im Dschungel auf ein großes unbekanntes Tier getroffen ist, tat er gut daran, im Zweifel an „Feind" zu denken und die Beine in die Hand zu nehmen. Selbst wenn diese Entscheidung in neun von zehn Fällen unnötig und übertrieben war – es könnte sich manchmal um ein friedliches Tier, ein sattes Tier, ein langsames Tier, ein ungefährliches Tier oder auch nur um einen ungeschickt fallenden Schatten gehandelt haben –, so war sie doch essenziell wichtig für das Fortbestehen des eigenen Genpools. Wer zu neugierig, zu langsam, ja zu differenziert war, den segnete das Zeitliche eher. Denn ein- von zehnmal schlägt das Raubtier (in dieser vereinfachten Statistik) zu – mit verheerenden Auswirkungen.

Diesen Instinkt tragen wir Menschen immer noch in uns. Obwohl die Kosten-Nutzen-Matrix im modernen Leben in der Regel nicht mehr über unser Weiterleben entscheidet, brauchen wir diese mentalen Abkürzungen, um effizient und sinnvoll Entscheidungen treffen zu können. Diese sind nicht fehlerfrei, bewahren uns aber vor dem Schicksal von Buridans Esel. Dieses Gleichnis geht auf den Philosophen Al-Ghazālī zurück (der auch das hochinteressante Kalam-kosmologische Argument für Gottes Existenz zu verantworten hat und mir den Beibehalt meines atheistischen Weltbildes damit erschwert).

Das Gleichnis beschreibt die Situation eines Esels, der verhungert, weil er sich nicht entscheiden kann, welchen zweier identischer Heuhaufen er zuerst fressen soll. Das geschieht nicht etwa, weil der Esel „zu dumm" ist, sondern weil er keinen rationalen Grund finden kann, den einen oder den anderen Heuhaufen zu bevorzugen.

Das mag manchem Leser spontan sicherlich dämlich erscheinen – allerdings war bestimmt jeder von uns schon mal in der Situation, eine schwierige Entscheidung hinauszuzögern, statt spontan seinem Bauchgefühl zu folgen. Daraus ergibt sich in manchen Fällen der unangenehme Effekt der „Paralyse durch Analyse", der uns die Entscheidung immer weiter erschwert oder gar unmöglich macht.

Eine Heuristik hingegen bricht einen komplizierten Sachverhalt auf die essenziellen Bestandteile herunter und hilft uns, eine Entscheidung zu treffen. Nach dem gleichen Prinzip beurteilen wir Menschen und stecken sie in bestimmte Schubladen. Unsere Trefferquote ist dabei erstaunlich gut, allerdings zeigt uns die Lebenserfahrung, dass wir doch auch häufig positiv oder negativ überrascht werden können, wenn wir einen Menschen näher kennenlernen, der uns auf Anhieb sympathisch oder unsympathisch war.

Die wichtige Botschaft an dieser Stelle lautet, dass solche Vereinfachungen in unserem Denken wichtig und pragmatisch sind. Dagegen gibt es nichts einzuwenden. Uns muss aber klar sein, dass solche Faustregeln nicht immer gelten und eine der vielen Schwierigkeiten des Lebens ist die Frage, wann es sinnvoll ist, den Kopf auszuschalten und zu rennen, und wann es nötig ist, stehen zu bleiben und zu analysieren. Und wer sich in irgendeiner Debatte, sei sie politisch, kulturell, gesellschaftlich oder privat, stets dafür entscheidet wegzurennen und sich nie die Mühe macht, die Grautöne zwischen Schwarz und Weiß oder die Dezimalstellen zwischen 0 und 1 zu erkennen, der hält nicht nur jeden, der anderer Meinung ist, für einen Feind, einen Idioten oder für beides – nein, er verpasst auch die Chance, überrascht zu werden und seine Position durch die Kenntnis neuer Argumente und Blickwinkel hinterfragen und überdenken zu können.

Was aber, wenn man mit seiner Meinung bereits richtig liegt oder zumindest überzeugt von deren Richtigkeit ist? Wenn dir diese oder ähnliche Gedanken gerade gekommen sind, dann ist das ein Hinweis darauf, dass du dich wahrscheinlich wirklich gründlich hinterfragen solltest! Warum?

Erstens: Woher weißt du, dass deine Meinung richtig ist? Kennst du die wirklichen Gegenargumente und nicht nur die Strohmänner? Hast du dich wirklich mit den besten Argumenten der Gegenseite auseinandergesetzt? Kennst du überhaupt relevante Repräsentanten der Gegenseite? Kannst du beurteilen, wer davon kredibel ist und wer nicht? Falls nicht, solltest du das dringend nachholen. Und selbst wenn du am Ende wieder bei deiner ursprünglichen Meinung landest, kannst du dir wenigstens sicher sein, in der nächsten Diskussion auf Gegenargumente vorbereitet zu sein und auf Basis einer fundierten Meinung zu argumentieren.

Zweitens: Jeder hält seine Meinung für richtig, sonst hätte er sie ja nicht. Das sollte ein offensichtlicher Truismus sein, allerdings fällt mir häufig auf, dass das nicht allen Menschen bewusst ist. Nicht selten bekomme ich in Kommentaren zu meinen Videos oder im realen Leben zu hören, ich sei „sehr überzeugt von meiner Meinung" oder würde denken „recht zu haben". Na selbstverständlich ist das so – das gilt aber für jeden einzelnen Menschen. Immer und bei jedem Thema. Wenn man denken würde, man läge bei etwas falsch, würde man ja eine alternative Position (oder zumindest eine abgeschwächte Variante davon) einnehmen.

Wir sollten uns aber darauf einigen können, nicht immer mit allem hundertprozentig richtig liegen zu können. Wer eine solche Arroganz an den Tag legt, ist beinahe ein hoffnungsloser Fall. Die meisten Menschen sollten aber mit genug Demut gesegnet sein, sich nicht für ein unfehlbares Universalgenie zu halten. Und wenn wir von dieser gemeinsamen Prämisse ausgehen, dann geht es für uns alle im nächsten Schritt nur darum, offen genug zu ein, ehrlich herauszufinden, bei *welcher* Sache genau wir falsch liegen.

Das erfordert aber auch die charakterliche Größe, einzugestehen, unrecht gehabt zu haben. Aus eigener Erfahrung kann ich sagen, dass es unglaublich schwer ist. Aber man kann das üben. Und wir können alle dabei helfen, es in der Gesellschaft salonfähiger zu machen, Fehler einzugestehen und seine Meinung ändern zu dürfen, ohne unser Gesicht zu verlieren. Niemand sollte gezwungen sein, aus Angst oder Trotz auf einem Meinungs-Hügel zu sterben. Wer seine Meinung nach reiflicher Überlegung ändert, sollte Applaus und nicht Hohn und Spott ernten.

Nun aber endlich zur Fragestellung per se: Welche Fehler begehen die „Wokies" und die „Anti-Woke"-Fraktion? Sie verfallen genau in das Denkmuster des Schwarz-Weiß-Fehlschlusses. Über Fehlschlüsse im Allgemeinen schreibe ich ausführlich in Kapitel III. „Fehlschlüsse". Den Schwarz-Weiß-Fehlschluss habe ich aber bereits auf den vorigen Seiten ausführlich erläutert. Es geht dabei darum, fälschlicherweise zu denken, es gäbe in einer Problematik nur zwei Möglichkeiten, obwohl es mindestens drei oder noch mehr gibt. Der Fehlschluss ist deshalb auch als falsches Dilemma bekannt. Unsere Heuristiken und unsere intellektuelle Faulheit verleiten uns dazu, nur den lautesten Vertretern einer Zunft, insbesondere in den (sozialen) Medien, Gehör zu schenken. Ob es nun Politiker, Aktivisten, Influencer oder Leute aus dem eigenen Bekanntenkreis sind.

Daraus ergibt sich die Vorstellung, ein typischer „Wokie" sei jung und färbe seine Haare blau. Diese Person gendert und hat eigene Pronomen, ist bisexuell und gleichzeitig gender-fluid, ist überstudiert und der einzige Job, den sie jemals hatte, war als studentische Hilfskraft in Sozialwissenschaften. Sie ist gleichzeitig elitär und wohnt in einem stylischen Berliner Altbau. Die Miete wird übers Arbeitslosengeld bezahlt, gekocht und ernährt wird sich vegan – übergewichtig ist sie trotzdem. Sie rasiert sich nicht, hasst Männer generell und befürwortet ohne Widerrede die sexuelle Transition von Kindern.

Umgekehrt ist die Vorstellung des typischen „Anti-Woken" die eines alten, privilegierten, heterosexuellen, weißen Cis-Manns, der Unternehmer und wohlhabend ist, obwohl er auf der Volksschule war, nicht gendert, zu Hause seine Frau schlägt und das Schwulsein seines Sohnes negiert, wenn er nicht gerade seine Sekretärin sexuell belästigt. Eigentlich ist er ein einsamer Incel und wohnt noch bei seinen Eltern, hört ansonsten gern Böhse Onkelz und Rammstein. Mit Benzin treibt er nicht nur seinen Benz an, sondern auch seinen Barbecue-Grill, auf dem er nicht nur abgepacktes Schweinesteak aus dem Discounter grillen würde, sondern auch gern die Ausländer, die letzte Woche ins heimische Dorf gezogen sind.

Wer sich von diesen Bildern oder der Überzeichnung getriggert fühlt oder die Beschreibungen als unlogisch und widersprüchlich wahrnimmt, der verkennt, dass ich hier schlicht möglichst viele provokante Schlagwörter und Klischees verbaut habe. Dann sollte man, aus meiner Sicht, an seiner mentalen Konstitution arbeiten. Es tut einem doch selbst nicht gut, sich so leicht provozieren zu lassen, oder? Außerdem darf so jemand anerkennen, dass solche oder ähnliche Klischee-Vorstellungen tatsächlich den aktuellen Diskurs prägen – zumindest viel mehr, als uns lieb sein sollte. Und wenn wir uns vorstellen, auf der einen oder der anderen Seite gegen ein solches Feindbild ankämpfen zu müssen – wer könnte es den Beteiligten verdenken, nicht mehr an einen konstruktiven Diskurs zu glauben?

Wie ein solches verzerrtes Bild in den Köpfen der Aktivisten entsteht, lässt sich sehr gut mit Kriegspropaganda vergleichen. In beiden Fällen, Krieg und Aktivismus, geht man von zwei unterschiedlichen Interessensgruppen aus, die man umso stärker bekämpft, je größer man die vorherrschenden Unterschiede und die vom Gegner ausgehende Gefahr bewertet. Je extremer diese Bewertung ausfällt, desto extremer werden auch die ergriffenen Maßnahmen. Und wie im Krieg wird der Einsatz schwerer Geschütze und die Inkaufnahme von Kollateralschäden mit der Dehumanisierung, also der Entmenschlichung des Feindes, legitimiert. Indem die Marktschreier auf X (ehemals Twitter), in der Bild, auf YouTube, auf Twitch oder im Spiegel uns immer weiter aufrühren. Indem sie uns mit den radikalsten und am meisten überzeichneten Beispielen des Gegners konfrontieren, desto schneller dreht sich diese Spirale.

Wäre dieses Buch eines meiner YouTube-Videos, wären einige Kommentare mit verschiedenen Einwänden schon gepostet worden. Die meisten sogar, bevor man mein Video zu Ende geschaut hätte – eine der Krankheiten, die neue Medien mit sich bringen. Da wäre dann von beiden Seiten zu lesen, wie naiv ich sei, denn die Gegenseite wäre doch exakt so wie oben beschrieben. Hier im Buch habe ich wenigstens die Zeit, die folgenden Sätze direkt nachzuschieben, um solche oder ähnliche Strohmann-Argumente direkt zu entkräften.

Ich sage nicht, dass es diese Menschen nicht gibt. Selbstverständlich gibt es glasklare Neonazis, die alles „Woke" ablehnen, weil sie eigentlich von der arischen Führerrasse im großdeutschen Reich eines unendlichen Patriarchats träumen. Selbstverständlich gibt es gleichermaßen Menschen, die beinahe besessen davon sind, „Wokeness" mit allen Mitteln durchzusetzen, koste es, was es wolle. Und wenn der Preis dafür ist, alles niederzureißen und dabei mindestens ebenso rücksichtlos zu sein wie der Feind? *So be it!*

Meine Behauptung lautet, zwischen diesen beiden realen Extremausprägungen, dieser schwarz-weißen Binarität, gibt es noch eine ganze Menge Grautöne in den verschiedensten Abstufungen gibt. Mit den allermeisten von ihnen kann man nicht nur reden, ich garantiere sogar, dass einem im ehrlichen Gespräch viel mehr Gemeinsamkeiten als Unterschiede auffallen werden.

3. Was wir uns merken sollten

Vermutlich ist vieles von dem, was du für „typisch woke" oder „typisch anti-woke" gehalten hast, nicht mehr als die Ansammlung verschiedener Klischees. Ich behaupte, dass die Unterschiede zwischen beiden Lagern sehr viel geringer und die Überschneidungen sehr viel größer ausfallen, als sowohl Beteiligte wie auch Beobachter denken.

Egal, was du zu wissen glaubst, solltest du spätestens jetzt nochmals auf den Prüfstand stellen – selbst wenn sich deine Meinung durch die Lektüre dieses Buches nicht im Geringsten ändern sollte, hättest du wenigstens nochmals ausführlich darüber nachgedacht. Die Wahrscheinlichkeit ist aber groß – ich würde sogar behaupten überwältigend –, dass es für dich noch etwas zu lernen gibt.

Bevor wir uns den Fragen zuwenden, was (anti-)woke Menschen wirklich denken, müssen wir uns klarmachen, welche Faktoren unser vermeintlich rationales Weltbild verzerren, unseren gefühlt glasklaren Blick auf die Realität vernebeln. Deshalb sind die nächsten beiden Kapitel den Begriffen „Bias" und „Fehlschlüsse" gewidmet. Diese Kapitel nicht nur zu lesen, sondern auch zu verstehen, ist die essenzielle Grundlage nicht nur für die weiteren Teile dieses Buches, sondern ehrlich gesagt für jeden weiteren Diskurs, den du in deinem Leben jemals zu führen gedenkst.

Diese These mag abgehoben oder anmaßend klingen, ist sie aber nicht. In beiden Kapiteln werde ich nämlich nicht vermeintliche Wahrheiten dozieren, sondern objektive Hilfsmittel geben, das eigene und fremde Denken sowie Wahrnehmen zu überprüfen. Selbst wenn du am Ende des Buches allen Inhalten widersprichst und mich für ein *Schimpfwort deiner Wahl* hältst: Solange du es auf Basis der nächsten zwei Kapitel betrachtest und begründest, habe ich mein primäres Ziel erreicht und kann mit deiner Ablehnung sehr gut leben.

Denn ich bin nicht hier, um Antworten zu geben, sondern um zu zeigen, wie man richtige Fragen stellt. Bevor du nun final einwendest, warum du mit diesen (anti-)woken Spinnern auf der anderen Seite überhaupt reden, geschweige denn ihnen Fragen stellen solltest, stelle ich die Gegenfrage: Warum nicht? Der schlechteste Diskurs ist der, der überhaupt nicht stattfindet. Ein etwas besserer Diskurs ist dann schon ein schlechter Diskurs – immerhin hat am Ende irgendjemand das Gefühl, dem anderen etwas beigebracht zu haben (meistens zu Unrecht).

Der beste Diskurs ist ein ehrlicher Diskurs. Dieser ist ein ergebnisoffener Dialog auf Augenhöhe, der entweder dich weiterbringt, weil du etwas lernst, oder dein Gegenüber weiterbringt, weil du ihm etwas beigebracht hast. Nur wer davon ausgeht, dass er vom Gegenüber auch etwas lernen kann, kann einen produktiven Dialog führen. Auch ein vermeintlicher Vollidiot kann dir etwas beibringen – und seien es nur Negativbeispiele oder der Einblick in eine andere Lebensrealität. Auch so etwas kann lehrreich sein. Nur wer glaubt, bereits alles zu wissen, ist der eigentliche Idiot.

II. Bias

„A wise man proportions his belief to the evidence."

(David Hume, schottischer Philosoph, 1711 – 1776)

Eins der nützlichsten, aber andererseits auch hinderlichsten Produkte der menschlichen Evolution ist der Fakt, dass wir uns auf unsere Wahrnehmung verlassen. Diese Aussage mag für manchen Leser nicht nur absurd, sondern in diesem Buch auch völlig fehl am Platz wirken. Tatsächlich halte ich dieses Kapitel für eines der wichtigsten überhaupt – weil es eine essenziell wichtige Tatsache vermittelt, die weit über alle Themen hinausreicht, die im weiteren Verlauf des Buches behandelt werden: Egal, wie sicher wir uns sind, wir alle sind fehlbar. Den Grad einer Überzeugung sollten wir laut David Hume daran bemessen, wie die Beweislage aussieht. Auch das klingt wie ein offensichtlicher Truismus – schließlich richten sich all unsere Überzeugungen nach der Bewertung der Fakten, richtig? Leider nein. Unsere Biases stehen uns häufig dabei im Weg, wenn es darum geht, die Beweislage objektiv zu untersuchen und zu bewerten. Die Kenntnis dieser Biases kann uns dabei helfen, uns vor unangemessener Sicherheit hinsichtlich unserer Überzeugungen zu bewahren.

1. Begriffserklärung

Lässt man das englische Wort „bias" durch gängige Übersetzungsprogramme laufen, so werden einem meistens die deutschen Wörter „Vorurteil" oder „Voreingenommenheit" ausgespuckt. Das trifft zwar den Kern, nicht aber das ganze Phänomen. Ein Vorurteil beruht in der Regel auf einem oder mehreren Biases. Während uns das Vorurteil meistens, abhängig von der Stärke der Ausprägung, in irgendeiner Form bewusst ist, arbeiten die zugrundeliegenden „Biases" sehr viel perfider, denn sie sind uns fast immer unbewusst.

Am treffendsten lässt es sich mit dem sperrigen Terminus „kognitive Verzerrung" übersetzen. Dieser beschreibt in der Psychologie unsere fehlerhaften Neigungen beim Wahrnehmen, Erinnern, Denken und Urteilen. Wenn ich also einem „bias" unterliege und entsprechend „biased" bin, bedeutet das auf gut Deutsch, dass mir mein Gehirn einen Streich spielt. Meine Wahrnehmung weicht, wie beim unbegründeten Vorurteil, von der Realität ab.

2. „Biases" prägen unser Denken und damit unser Weltbild

Für mich persönlich ist das höchste Gut das Finden der Wahrheit. Ich kann nicht sagen, welche persönlichen Biases diese Überzeugung in welcher Weise beeinflusst haben, aber meine (für mich schlüssige) Begründung lautet wie folgt: Wenn es so etwas gibt wie die Wahrheit (eine philosophisch höchst interessante Frage, die ich mit Ja beantworte), dann ist diese objektiv und unumstößlich und damit ein verlässlicher Anker für sämtliche Rückschlüsse, die wir auf unser Leben ziehen können. Denn Wahrheit steht nicht in Konkurrenz zu einem anderen Wert. Etwas ist wahr oder es ist unwahr. Etwas entspricht der Realität oder nicht. Eins oder null. Dabei ist völlig unerheblich, ob uns das Resultat „gut" oder „schlecht" erscheint. Dass das Leben auf der Erde irgendwann, und zwar allerspätestens mit dem Verglühen der Sonne, zu Ende gehen wird, ist wahrlich kein schöner Gedanke, wahr ist er aber trotzdem.

Alle anderen Werte hingegen, die man ins Zentrum der eigenen (Lebens-)Philosophie rücken kann, sind in irgendeiner Weise subjektiv und die persönliche Entscheidung darüber, welchen Wert man nun anderen gegenüber bevorzugt, erfordert wesentlich mehr vorangehende Biases, als der Wahrheit zu folgen.

Man könnte sich nun trefflich darüber streiten, ob Wahrheit tatsächlich der wichtigste Wert ist – sicherlich haben auch andere Überzeugungen ihre Daseinsberechtigung: seien es Gerechtigkeit, Ehrlichkeit, Nächstenliebe, Selbstverwirklichung, Integrität, Spiritualität, Hedonismus etc. pp. Ich behaupte hier nicht, dass das Streben nach Wahrheit zwingend eine bessere oder die beste Philosophie darstellt. Ich behaupte, sie ist die objektivste Philosophie. Ob man mir dabei zustimmen oder widersprechen mag: Wir sollten uns zumindest alle darauf einigen können, dass Wahrheit *wichtig* ist.

Denn die Wahrheit über einen Sachverhalt oder eine Frage zu kennen, hilft uns immer dabei zu entscheiden, wie wir am besten damit umgehen wollen. Die Wahrheit bietet uns zumindest einen verlässlichen Referenzrahmen und wir fällen unsere Entscheidungen fundiert und nicht im luftleeren Raum. Das alles gilt für uns als Individuen und für uns als Gesellschaft gleichermaßen.

Was ich mit all diesem philosophischen Gequatsche sagen Unser aller Wertesystem ist willkürlich. Die Tatsache, dass jemand Nächstenliebe wichtiger findet als Ehrlichkeit – oder umgekehrt –, ist subjektiv. Auch diese Grundpräferenz beruht zu großen Teilen auf Biases. Und unsere Beurteilung der Welt, was wir für „gut" oder „schlecht", für „richtig" oder „falsch", für „gerecht" oder „ungerecht" usw. halten, bemisst sich wiederum an unseren persönlichen Biases. Und nicht nur das: Sie bilden gleichzeitig unsere folgenden Biases aus.

Im weiteren Verlauf dieses Buches werde ich hin und wieder auf bestimmte Biases verweisen und diese auch jeweils gesondert erklären. Sämtliche dieser angesprochenen Biases sowie eine ausführliche Liste kognitiver Verzerrungen, die ich ebenfalls für wichtig erachte, folgen im Anschluss an dieses Kapitels in einer Übersicht (ohne Anspruch auf Vollständigkeit; auch hier empfehle ich eine Eigenrecherche, denn Biases sind beinahe grenzenlos). An dieser Stelle nenne und erkläre ich nun zur Verständlichkeit eine der bekanntesten und häufigsten kognitiven Verzerrungen: den sogenannten „Confirmation-Bias", den wir ins Deutsche mit „Bestätigungsfehler" übersetzen können.

In unzähligen Experimenten und Studien wurde die menschliche Neigung belegt, Informationen so zu ermitteln, auszuwählen und zu interpretieren, dass diese die eigenen Erwartungen erfüllen und damit bestätigen.

Das führt dazu, dass wir zu unserem Weltbild passende Informationen häufiger wahrnehmen, sie uns besser merken und sie generell stärker gewichten als gegensätzliche Informationen.

Wenn also jemand mit dem Vorurteil nach Frankreich geht, Franzosen seien unfreundlich oder spazieren mit einem Baguette unter dem Arm durch die Gegend, so wird ihm jeder Franzose mit Baguette unter dem Arm auffallen und unfreundliche Franzosen bleiben ihm stärker in Erinnerung als freundliche Franzosen. Die Wahrscheinlichkeit ist groß, dass sich das Vorurteil in einer negativen Rückkopplungsschleife verstärkt – es sei denn, die Person trifft fast ausschließlich auf baguettelose, freundliche Franzosen.

Auch wenn du dich in diesem Szenario nicht wiederfinden kannst: Erinnere dich mal daran, als du das letzte Mal eine Tankstelle gesucht oder ein neues Auto gekauft hast. Hattest du dabei nicht das Gefühl, es gäbe sehr wenige Tankstellen, oder den Gedanken, dass fast jeder das gleiche Auto fährt? Das sind keine Lehrbuchfälle des Bestätigungsfehlers, sondern greifbare Beispiele dafür, wie unsere Erwartungshaltung unser Wahrnehmen beeinflusst. Es gibt nicht plötzlich mehr rote Autos als davor, du registrierst sie nur öfter. Es gibt nicht wenige Tankstellen, dein Bedarf dafür ist nur erhöht und deshalb kommt dir ihr Vorkommen geringer vor.

Es sollte leicht zu sehen sein, wie dieser Bias unser Weltbild immer weiter in eine bestimmte Richtung verzerren kann. Wenn ich der Meinung bin, dass Großstädte in Deutschland von Flüchtlingen überflutet sind, werde ich mich nach meinem nächsten Gang durch die Fußgängerzone deutlich stärker an ausländisch aussehende Menschen erinnern als jemand, der hierzu keine Meinung hat. Wer dem Corona-Impfstoff gegenüber kritisch eingestellt war, hat Berichte und Erzählungen bezüglich Impfschäden in einer anderen Häufigkeit wahrgenommen als jemand ohne Meinung zum Thema. Selbstverständlich kann man die Beispiele auch umdrehen. Wenn ich für die Impfung war, sind mir Todesfälle von Ungeimpften oder die Auswirkungen von Long-Covid deutlich präsenter und einprägsamer.

Mir geht es hier nicht darum, der einen oder anderen Seite recht zu geben, sondern es geht darum, aufzuzeigen, wie sich unsere bestehende Meinung durch eine solche selektive Wahrnehmung in der Regel weiter verstärkt. Wenn du auch nach Lesen dieses Kapitels immer noch der Meinung bist, dass das vielleicht auf die anderen, aber ganz bestimmt nicht auf dich zutrifft, dann zeugt das entweder von mangelndem Textverständnis oder einer ungesunden Ausprägung von Arroganz. Für jeden, für dich, mich, Tante Erna und Onkel Otto, fühlt es sich fast immer so an, als wären wir in unserer Wahrnehmung und Bewertung von Informationen objektiv und könnten uns definitiv akkurat an etwas erinnern. Das mag für jeden von uns in vielerlei Fällen zutreffen. Natürlich funktioniert unsere Wahrnehmung häufig ausgesprochen gut. Nur eben nicht immer. Das wirkliche Problem ist, dass wir uns in gleicher Weise sicher fühlen, recht zu haben – egal, ob wir in der Realität falsch oder richtig liegen. Wenn zwei Zeugen unter Eid einander ausschließende Aussagen tätigen, heißt das nicht automatisch, dass einer von beiden lügt. Einer könnte auch einfach von seiner Wahrnehmung getäuscht worden sein und einem ehrlichen Irrtum aufsitzen.

Dieses Gefühl der Sicherheit ist eine unfassbar nützliche Illusion. Würde ich alles anzweifeln, weil ich ja überall biased sein könnte, wäre ich irgendwann nicht mehr lebensfähig. Aber mein Gefühl der absoluten Zuverlässigkeit meiner Sinne ist und bleibt eine Illusion, die so stark ist, dass selbst alte Menschen, die bereits unter erheblichen physischen (Sehkraft, Gehör, Geschmackssinn) und kognitiven Einschränkungen (Erinnerungsvermögen, Denkvermögen) leiden, immer noch der Meinung sind, sie könnten sich zuverlässig darauf verlassen.

Wem also wenigstens zu einem gewissen Grad an Wahrheit gelegen ist, dem sei nahegelegt sich einzugestehen, nicht überall recht haben zu können und unsere Wahrnehmung uns hin und wieder etwas anderes vorgaukelt. Die gute Nachricht: Wenn wir selbst nicht immer unser eigenes Korrektiv sein können, gibt es ja andere Menschen, mit denen wir reden können. Wir müssen es nur tun und entsprechende Dialoge führen. Selbst ein Streit ist nützlich. Denn auch in einem Streit geht es am Ende darum, herauszufinden, wo man richtig und wo man falsch lag.

3. Was wir uns merken sollten

Für manchen Leser mag der Begriff ein alter Hut sein, für den anderen völlig neu. Aber für beide Fälle gilt Folgendes: Wir müssen uns dieser wissenschaftlichen Tatsache bewusst sein: Biases existieren – und sie betreffen jeden von uns! Und mit dieser schlechten Nachricht endet es auch nicht. Da diese kognitiven Verzerrungen meistens unbewusst auftreten, können wir sie gar nicht aktiv bekämpfen. Selbst uns nur vor ihnen zu schützen, fällt aus der Verlosung, denn es deutet leider nichts darauf hin, gehobene Bildung oder Intelligenz könne das Auftreten oder die Wirkung von Biases reduzieren.

Die nächste schlechte Nachricht lautet, dass auch das Bewusstsein darüber, gleichermaßen anfällig für Biases zu sein wie alle anderen, das Auftreten dieser Verzerrungen in unserer Wahrnehmung nicht verhindert. Aber weshalb erzähle ich das dann überhaupt? Die Antwort darauf ist die einzig gute Nachricht: Uns bewusst zu sein, unfehlbar zu sein, macht uns automatisch und logisch zwingend bescheidener und offener für den Diskurs.

Zu wissen, dass wir aufgrund verschiedener Biases definitiv *irgendwo* falsch liegen, ist der unersetzliche Grundstein für eine gesunde Diskussionskultur. Nur wenn wir unsere eigene Fehlbarkeit nachhaltig akzeptieren, können wir uns ehrlich selbstkritisch hinterfragen und gegebenenfalls ändern. Denn nur über die gründliche Analyse der eigenen und der Betrachtung gegensätzlicher Positionen können wir überhaupt herausfinden, *wo* wir falsch liegen.

Aus diesem Grund halte ich auch die aktuelle Tendenz, hin zum amerikanischen Modell (dort sind es die Themen Religion und Politik), auch in Deutschland Diskussion über gewisse Themen eingrenzen zu wollen, für wahnsinnig gefährlich und kontraproduktiv. Nicht weil man sensiblen Themen zwingend mehr Raum geben sollte, sondern weil wir nur im offenen und transparenten Diskurs schlechte von guten Ideen unterscheiden und nachhaltig widerlegen können. Gemeinschaftlich reduzieren wir die Auswirkung unserer persönlichen Biases und kommen so näher an die Wahrheit jedweder Fragestellung. So zumindest die Theorie.

Nicht überzeugt? Dann empfehle ich dir, Abschnitt 2 dieses Kapitels (noch mal) zu lesen und dir die folgende Liste an gängigen und wichtigen Biases anzuschauen. Du findest dort Beispiele, die deine Wahrnehmung garantiert auch schon beeinträchtigt haben oder immer noch beeinträchtigen. Selbst wenn du in deiner Wahrnehmung bereits perfekt bist (bist du nicht), wird es dir helfen, die Wahrnehmungsfehler anderer zu entdecken und sie effizienter mithilfe deiner unendlichen Objektivität aufklären zu können.

Liste kognitiver Verzerrungen

Hinweis: Biases und Heuristiken sind eng miteinander verwandt, beschreiben aber nicht dasselbe. Vereinfacht könnte man sagen, dass Biases das fehlerhafte Resultat einer Heuristik sind. Heuristiken sind Faustregeln, die wir als Entscheidungshilfen nutzen. Diese sind oft nützlich und zutreffend, allerdings durch ihre geringe Detailgenauigkeit in Einzelfällen fehleranfällig. Diese Fehler verfestigen sich dann in unserem Denken als kognitive Verzerrungen (Biases) und führen zu Denk- und Wahrnehmungsfehlern.

1. Bestätigungsfehler (Confirmation Bias)

BEISPIEL: Jemand informiert sich nur mithilfe von Quellen, die seine bisherigen Überzeugungen stützen. Etwa liest er immer nur dieselben Zeitungen und Autoren oder schaut immer dieselben Talkshows oder YouTube-Kanäle.

PROBLEMATIK: Man sucht, interpretiert und erinnert Informationen selektiv zugunsten der eigenen Meinung. Auf diese Weise wird die eigene Sichtweise immer wieder bestätigt und verstärkt, widersprüchliche Informationen hingegen werden entweder komplett umgangen oder als weniger wichtig empfunden.

2. Myside Bias

BEISPIEL: Ein Fußballfan glaubt, seine Mannschaft würde vom Schiedsrichter benachteiligt, ignoriert aber Fehlentscheidungen zugunsten seines Teams.

PROBLEMATIK: Anders als beim Confirmation Bias sind alle relevanten Informationen vorhanden, der Betrachter bevorzugt aber die eigene Position ohne objektive Berücksichtigung der anderen Perspektive.

3. Verfügbarkeitsheuristik (Availability Heuristic)

BEISPIEL: Jemand überschätzt das generelle Risiko eines Flugzeugabsturzes massiv, weil aktuell intensiv über einen Absturz berichtet wird.

PROBLEMATIK: Wahrscheinlichkeiten werden entweder über- oder unterschätzt, je nachdem, wie leicht wir uns an relevante Informationen erinnern können.

4. Ankerheuristik (Anchoring Bias)

BEISPIEL: In Gehaltsverhandlungen fungiert der erstgenannte Betrag als Anker und beeinflusst die weitere Verhandlung, auch wenn der Betrag völlig willkürlich gesetzt wurde.

PROBLEMATIK: Die erste Information wird übermäßig stark gewichtet und beeinflusst unsere weitere Entscheidungsfindung überproportional.

5. Selbstwertdienliche Verzerrung (Self-Serving Bias)

BEISPIEL: Ein Schüler schreibt gute Noten seinen Fähigkeiten zu, schlechte Noten der Inkompetenz des Lehrers.

PROBLEMATIK: Das eigene Selbstbild wird dadurch verzerrt, nur die Verantwortung für Erfolge, nicht aber für Misserfolge zu übernehmen.

6. Gruppendenken (Groupthink)

BEISPIEL: Ein Geschäftsführer schlägt eine riskante Strategie vor und niemand traut sich, diese in infrage zu stellen und die Harmonie nicht zu zerstören.

PROBLEMATIK: Es entsteht der falsche Eindruck, jeder sei einverstanden.

7. Selbstüberschätzung (Overconfidence Bias)

BEISPIEL: Ein Anleger glaubt, er könne DAX-Werte shorten, weil er meint, den Aktienmarkt besser vorhersagen zu können als Analysten.

PROBLEMATIK: Menschen überschätzen ihre Fähigkeiten, ihr Wissen oder ihre Kontrolle über Ereignisse, was zu überhöhten Risiken und Fehlern führen kann.

8. Fundamentaler Attributionsfehler (Fundamental Attribution Error)

BEISPIEL: Jemand hört von einer Person, die mehrfach durch die Fahrprüfung gefallen ist, und folgert, die Person sei dumm. In Wirklichkeit hat die Person jedoch persönliche Probleme, die ihre Leistung beeinflusst haben.

PROBLEMATIK: Menschen neigen dazu, über das Verhalten von Personen auf deren Charakter zu schließen und andere Einflussfaktoren zu ignorieren.

9. Status-quo-Verzerrung (Status Quo Bias)

BEISPIEL: Jemand hält krampfhaft an einer toxischen Beziehung fest.

PROBLEMATIK: Menschen bevorzugen den gegenwärtigen Zustand und vermeiden Veränderungen, auch wenn Alternativen möglicherweise besser wären.

10. Verlustaversion (Loss Aversion)

BEISPIEL: Ein Anleger hält an einer Aktie fest, die im Minus hängt, um den Verlust nicht zu realisieren, statt mit dem verbliebenen Geld eine bessere Aktie zu kaufen.

PROBLEMATIK: Verluste werden stärker gewichtet als gleichwertige Gewinne, was zu irrationalen Entscheidungen führen kann.

11. Halo-Effekt (Halo Effect)

BEISPIEL: Ein attraktiver Bewerber wird auch für kompetent gehalten, obwohl es dafür keine objektiven Belege gibt.

PROBLEMATIK: Eine positive Eigenschaft (z. B. Attraktivität) führt dazu, dass andere positive Eigenschaften angenommen werden. Den genau umgekehrten Fall beschreibt der **Horn-Effekt**.

12. Negativitätsbias (Negativity Bias)

BEISPIEL: In einer Beziehung bleiben Versäumnisse stärker in Erinnerung als erfüllte Erwartungen.

PROBLEMATIK: Negative Informationen wirken stärker als positive. Wir erinnern uns also leichter an das eine Mal, als der Müll nicht rausgebracht wurde, und vergessen die neun Male, in denen es erledigt wurde.

13. Rückschaufehler (Hindsight Bias)

BEISPIEL: Nach einer Katastrophe denken Menschen, dass die Anzeichen dafür klar und die Katastrophe vorhersehbar war.

PROBLEMATIK: Rückblickend wirken Zusammenhänge offensichtlich und weniger komplex, wodurch die eigenen kognitiven Fähigkeiten überschätzt werden.

14. Dunning-Kruger-Effekt (Dunning-Kruger Effect)

BEISPIEL: Ein Schachspieler glaubt, er sei ein starker Spieler, weil er eine bestimmte Eröffnung beherrscht, ihm aber nicht klar ist, wie viele weitere Eröffnungen es gibt.

PROBLEMATIK: Personen mit geringer Kompetenz überschätzen ihre Fähigkeiten, weil sie die Komplexität des Themas nicht beurteilen können.

III. Fehlschlüsse

„Der Zweifel ist kein angenehmer Zustand, aber Gewissheit ist etwas Absurdes."

(Voltaire, französischer Philosoph und Schriftsteller, 1694 – 1778)

Lass dich vom Titel und der Einleitung des Kapitels nicht täuschen – das Thema ist sehr viel weniger kompliziert und trocken, als es den Anschein macht. Im Gegenteil, ich garantiere sogar, dass dieses Kapitel deinen Blick auf die Welt nachhaltig verändern wird. Sicher kennst du das: Du führst eine Diskussion (oder hörst einer Diskussion zu) und hast das Gefühl, eine Argumentation stimmt irgendwie nicht, du kannst aber nicht sagen, wieso. In diesem Kapitel lernst du, woran das liegt, und wie man bestimmte Argumentationsfehler erkennt und vermeidet. Die wenigsten Menschen außerhalb einer Philosophievorlesungen können mit dem Begriff eines „logischen Fehlschlusses" überhaupt irgendetwas anfangen. Das ist ein Problem, denn zwar sind die wenigsten philosophischen Hilfsmittel für den Otto-Normal-Menschen alltagsrelevant – ein Grundverständnis von Logik hingegen sollte aus meiner Sicht jedem Grundschüler vermittelt werden.

Warum? Anders als uns relativistische Strömungen weismachen wollen, ist nicht alles eine Frage der Meinung. Manche Argumente und Überzeugungen fußen auf Fehlern. Nicht weil ich sie subjektiv für fehlerhaft halte, sondern weil sie objektiv falsch sind. Sie sind unlogisch – und das lässt sich beweisen: Durch eine logische Analyse der Argumente, die uns auf Fehler in der Denk- und Argumentationsstruktur anderer, aber auch bei uns selbst hinweisen.

In diesem Kapitel geht es nicht um die philosophischen Feinheiten einer ausführlichen Begriffs- oder Argumentationsanalyse, sondern um das schnelle Erkennen gängiger logischer Fehlschlüsse. Je intensiver du dich mit dem Thema befasst, desto leichter wird es dir künftig fallen, schwache Argumente zu erkennen und im Umkehrschluss auch besser zu argumentieren.

1. Begriffserklärung

„Fehlschluss" und „Trugschluss" sind als Begriffe im Prinzip als Synonyme zu verstehen. Im Alltag verwenden wir öfter den Begriff „Trugschluss" und meinen damit gängigerweise etwas, das sich, entgegen unserer ursprünglichen Erwartung, als falsch erwiesen hat. Diese Definition geht zwar in die richtige Richtung, erfasst die Bedeutung des logischen Fehlschlusses in der Philosophie aber nicht in Gänze.

Grundsätzlich unterscheidet man zwischen zwei Kategorien an logischen Fehlschlüssen: *formelle* und *informelle* Fehlschlüsse. Auf weniger Philosophisch heißt das, es gibt Aussagen, die eine feste Struktur (in dem Fall die Logik) verletzen, und es gibt Aussagen, deren Inhalt fehlerhaft ist. Für dieses Buch hauptsächlich von Bedeutung sind die *informellen Fehlschlüsse*, da sie formal korrekt sind und deshalb auf den ersten Blick richtig klingen, aus unterschiedlichen Gründen aber trotzdem falsch sind und uns irreführen.

Das einfachste Beispiel kennen wir alle aus unserer Kindheit, als uns gesagt wurde, wir hätten den Vorgaben der Eltern zu folgen. Auf hartnäckige Nachfrage landete man in dieser zeitlosen Diskussion irgendwann bei einem der Totschlagargumente der Art „Weil ich es sage" oder „Weil ich älter bin und es besser weiß". Was an diesem Beispiel problematisch ist, wird sich in Abschnitt 2 dieses Kapitels erklären und für die Schnellleser auch unter Punkt 3 nochmals aufgegriffen.

2. Fehlschlüsse ziehen sich durch unser Denken

Bevor wir einsteigen, möchte ich den verunsicherten Leser dazu ermutigen, dieses Kapitel unbedingt zu lesen. Viele Leute schalten bereits ab, wenn sie Begriffe wie „Logik" oder „Analyse" nur lesen. Es erfordert aber keine besonderen Fähigkeiten, das Prinzip der Fehlschlüsse zu verstehen und anzuwenden. Dazu braucht es nur ein ganz kleines bisschen an Theorie (wieder so ein unattraktives Wort). Es lohnt sich aber, die nächsten Seiten besonders konzentriert zu lesen, versprochen.

A) Formelle logische Fehlschlüsse

Um den (vermeintlich langweiligen) Elefanten direkt aus dem Weg zu räumen, klären wir kurz, was ein formeller Fehlschluss ist. Es ist ein ungültiges Argument. Ungültig, weil es Regeln der Logik verletzt. Nehmen wir ein einfaches Beispiel:

> Prämisse (Annahme) 1: Alle Hunde sind Säugetiere.
> Prämisse (Annahme) 2: Ajax ist ein Hund.
> Konklusion (Schlussfolgerung): Ajax ist ein Säugetier.

Dieses Argument ist logisch *gültig*, weil es einer korrekten Form folgt. Wenn Annahme 1 richtig ist und auch Annahme 2 richtig ist, dann folgt daraus immer und logisch zwingend die Schlussfolgerung.

Interessanterweise bleibt das Argument logisch auch gültig, wenn wir einen Begriff (oder auch mehrere) ändern:

> Prämisse (Annahme) 1: Alle Hunde sind **Investmentbanker**.
> Prämisse (Annahme) 2: Ajax ist ein Hund.
> Konklusion (Schlussfolgerung): Ajax ist ein **Investmentbanker**.

Das Argument ist gültig, denn *wenn* alle Hunde Investmentbanker wären, dann wäre der Hund Ajax zwingend ein Investmentbanker. Da wir aber wissen, dass Hunde keine Investmentbanker sind, ist das Argument zwar (von der Form her) *gültig*, es ist aber (vom Inhaltlichen her) nicht *schlüssig*. Und damit sind wir dann bei informellen logischen Fehlschlüssen angekommen.

Der Punkt dieser Untersuchung ist also prinzipiell nur, schematisch und systematisch zu überprüfen, ob ein Argument logisch *gültig* ist, also beispielsweise, ob es sich nicht schon per se widerspricht. Die hier gegebenen Infos kratzen lediglich an der philosophischen Oberfläche. Es ist aber für unsere Zwecke nicht wichtig, noch tiefer in die Materie einzusteigen. Wer sich für weitere syllogistische Satzformen interessiert, kann sich gern im Selbststudium weiter informieren. Ich verspreche eine aufregende und beinahe endlose Reise durch die Philosophie. Nicht weil die formale Logik unendlich ist, sondern weil man, zumindest nach meiner Erfahrung, von Frage zu Frage, zu Frage kommt. Ich glaube aber, dass dieses Basisverständnis im realen Leben ausreicht, künftig besser zu argumentieren und umgekehrt schwache Argumente zu erkennen – und das ist das Ziel dieses Kapitels.

(Zur Vollständigkeit dennoch die Erklärung: Im Gegensatz dazu ist ein Satz ungültig, wenn er ein Gesetz der Logik verletzt. Zum Beispiel, wenn wir den „Satz vom Widerspruch" verletzten. Dieser besagt, dass etwas nicht gleichzeitig der Fall und nicht der Fall sein kann. Auf Deutsch: Die Erde kann nicht gleichzeitig eine Kugel und keine Kugel sein. Die Flat-Earth-Society hat also entweder recht (hat sie nicht) oder unrecht.)

B) Informelle logische Fehlschlüsse

Auf rhetorischer Ebene sind die informellen Fehlschlüsse deutlich relevanter als formelle Fehlschlüsse. Klar, wir alle reden und das heißt, wir alle argumentieren. Das passiert nicht nur in wichtigen Diskussionen, sondern auch in banalen Situationen („Ich spüle das Geschirr heute nicht, *weil* ich das gestern schon gemacht habe. *Deshalb* bist du heute an der Reihe!"). So gut wie niemand bastelt sich auf Papier, geschweige denn im Kopf, im Alltag irgendwelche Argumente in syllogistischer Form zusammen. Wir tun das intuitiv meistens korrekt, weil wir gelernt haben, mit Logik umzugehen (die einen mehr, die anderen weniger).

Wenn uns eine Argumentation merkwürdig vorkommt, dann liegt das in den meisten Fällen nicht daran, dass jemand einen Syllogismus falsch verwendet oder eines der aristotelischen Gesetze der Logik verletzt hat, sondern weil jemand einen informellen Fehlschluss begangen hat: Er hat mindestens eine falsche oder irrelevante Prämisse, also Annahme, vorausgesetzt.

Meistens handelt es sich aber nicht um offensichtlichen BS (Bullshit) wie beim vorhin gegebenen Beispiel mit den Hunden als Investmentbanker.

Am Ende dieses Kapitels findest du eine Liste der wichtigsten logischen Fehlschlüsse, die mir bei meiner Arbeit als BS-Detektiv BiasedSkeptic (die Initialen sind nicht zufällig gewählt) auf YouTube am häufigsten auffallen. Ziel der Übung ist, sie künftig sowohl bei sich als auch bei anderen erkennen zu können.

3. Was wir uns merken sollten

Die Erkenntnisse aus diesem Kapitel in Kombination mit Kapitel II. „Bias" führen zu folgender Erkenntnis: Wir alle haben ein Weltbild, das aus Überzeugungen und Annahmen besteht, die nicht die Realität abbilden. Das mag bei dem einen mehr, bei dem anderen weniger zutreffen. Immer und überall recht zu haben, ist aber praktisch ausgeschlossen.

(Solltest du trotzdem dieser Überzeugung sein, empfehle ich ein Selbststudium des *Dunning-Kruger-Effekts* – der nachgewiesenen kognitiven Verzerrung, die nahelegt, dass wir unsere Fähigkeiten umso mehr überschätzen, je weniger Ahnung wir von etwas haben.)

In unserer Wahrnehmung und in unserem Denken nehmen wir Abkürzungen, indem wir uns auf Heuristiken und unsere Intuition verlassen. Diese Mechanismen haben jedoch oft den negativen Nebeneffekt, Biases zu produzieren. Durch diese kognitiven Verzerrungen täuschen wir uns am Ende selbst. Fehlschlüsse in unserem Denken, Fehlinformation oder mangelnde Bildung tun ihr Übriges. Wie auch immer dein persönlicher Cocktail an Einflussfaktoren an Erfahrungen, Erziehung, kulturellen Prägungen, Medienkonsum, Sozialisation und Umweltfaktoren gemixt wurde: Auch du musst naturgemäß davon ausgehen, nicht mit all deinen Schlussfolgerungen richtigzuliegen.

Umgekehrt habe ich bereits in Kapitel II. zu Biases geschrieben, dass es Sinn ergibt, sich auf unsere Wahrnehmung und unsere Schlussfolgerungen zu verlassen. Das führt dann auf den ersten Blick zu einem Dilemma – ich weiß, mein Denken ist fehlerhaft und doch muss ich so tun, als wäre es zuverlässig. Auch das lässt sich aber lösen: Selbstverständlich sind wir von jeder einzelnen unserer Meinungen überzeugt – sonst hätten wir ja entweder keine oder eine andere Meinung. Wenn wir aber insgesamt wissen, dass sich unter all diesen Meinungen fehlerhafte befinden, müssen wir auch unsere Denkweise überprüfen – indem wir sie logisch untersuchen.

So finden wir heraus, ob wir irgendwo einem formellen oder informellen Fehlschluss aufsitzen. Gleiches gilt beim Beispiel zu Beginn des Kapitels, wenn Eltern ihren Kindern Vorgaben machen: Die Schlussfolgerung, dass Kinder auf ihre Eltern hören sollten, folgt nicht logisch. Zumindest folgt sie nicht deshalb, weil es das Elternteil sagt oder weil das Elternteil älter ist.

Beides sind informelle logische Fehlschlüsse, weil man an die eigene Autorität appelliert („Ich bin älter, ich weiß es besser"). Selbstverständlich haben Eltern aufgrund ihrer Erfahrung und ihrer Reife doch eine höhere Wahrscheinlichkeit darauf, etwas korrekt einschätzen zu können, und „Weil ich es sage" ist am Ende nur eine Kurzversion komplexer Begründungen, die das Abwägen von Fakten, Risiken und Folgen beinhalten.

Wenn wir einen solchen Fehlschluss identifizieren, bedeutet das also nicht automatisch, dass wir falschliegen. Man kann auch aus den falschen Gründen zu einem richtigen Schluss kommen. Es gilt jedes Mal abzuwägen, ob die Schlussfolgerung gut ist, auch wenn sie auf schwachen oder falschen Annahmen beruht. Es bedeutet aber ganz sicher, dass wir unseren Denkprozess optimieren sollten, denn nur so verringern wir die Wahrscheinlichkeit von Fehlern im Endresultat. Das ständige Überprüfen und Hinterfragen klingt nicht nur nach einer Menge Arbeit, sondern ist, nach Voltaires Worten, auch sehr unangenehm, aber notwendig – uns nämlich totale Gewissheit einzureden, wenn wir doch wissen, dass das unmöglich ist, wäre absurd!

Nicht überzeugt? Dann empfehle ich dir, Abschnitt 2 dieses Kapitels (noch mal) zu lesen und dir die folgende Liste anzuschauen. Du findest Beispiele gängiger Fehlschlüsse, denen du garantiert auch schon aufgesessen bist oder immer noch aufsitzt. Selbst wenn du in deinen Positionen und Meinungen bereits perfekt bist (bist du nicht), wird es dir helfen, die Argumentationsfehler anderer zu entdecken und sie effizienter mithilfe deiner unendlichen Weisheit aufklären zu können.

Liste logischer Fehlschlüsse

Informelle logische Fehlschlüsse erfüllen oft die strukturellen Anforderungen eines gültigen Arguments. Das bedeutet, dass die Form des Arguments korrekt sein kann, jedoch die Prämissen oder die Schlussfolgerung in irgendeiner Weise fehlerhaft sind. In der Regel deuten Fehlschlüsse also auf ein schlechtes Argument hin. Allerdings sollte man vorsichtig sein, jedes Argument pauschal mit dem Verweis darauf, es sei ein Fehlschluss, zu verwerfen. Man muss den Kontext betrachten, denn auch ein fehlerhaftes Argument kann zu richtigen Schlussfolgerungen führen. Zudem kann sich bei näherer Betrachtung herausstellen, dass der vermeintliche Fehlschluss keiner ist (zum Beispiel kann eine falsche Analogie unterstellt werden, obwohl es sich um ein passendes Beispiel handelt).

1. Falsche Analogie (False Analogy)

KURZBESCHREIBUNG: Vergleich zweier unähnlicher Dinge.

BEISPIEL: „Eine komplexe Uhr existiert nur durch einen Uhrmacher, deswegen braucht die Erde mit all ihren Facetten einen intelligenten Schöpfer."

PROBLEMATIK: Die wesentlichen Unterschiede zwischen den verglichenen Dingen werden ignoriert. Wir wissen, dass eine Uhr ein künstlich geschaffenes Objekt ist. Wir können im Falle der Erde aber nicht analog darauf schließen, dass sie ebenfalls einen Designer hat, nur weil sie das Merkmal der Komplexität mit der Uhr teilt.

2. Ad Hominem (Argumentum ad Hominem)

KURZBESCHREIBUNG: Statt des Arguments wird die Person angegriffen.

BEISPIEL: „Du kannst nicht wissen, wer das Tor geschossen hat, denn du hast keine Ahnung von Fußball!"

PROBLEMATIK: Anstatt das eigentliche Argument oder die Aussage zu adressieren, wird die Person selbst angegriffen. Die Kompetenz der Person wird infrage gestellt, um ihre Aussage zu diskreditieren, ohne auf den tatsächlichen Inhalt der Aussage einzugehen oder herauszufinden, wie die Person zur Schlussfolgerung kam.

3. Strohmann-Argument (Strawman Fallacy)

KURZBESCHREIBUNG: Verzerrung der gegnerischen Argumentation, damit es leichter angreifbar wird (kann bewusst oder unbewusst passieren)

BEISPIEL: „Du bist dafür, den CO_2-Ausstoß zu verringern? Also willst du mir mein Auto wegnehmen!"

PROBLEMATIK: Es setzt ein übertriebenes oder falsches Argument an die Stelle des eigentlichen und greift dieses an, statt das echte Argument zu widerlegen. Das Gegenteil wäre ein **Stahlmann-Argument (Steelmanning)**, wenn versucht wird, die andere Meinung so präzise wie möglich wiederzugeben. Das kann ein nützliches Werkzeug vor einem Gespräch sein: Man paraphrasiert die fremde Position so lange, bis das Gegenüber zufrieden ist, und erst auf dieser gemeinsamen Basis beginnt man die Diskussion. So werden Strohmänner effektiv vermieden.

4. Schwarz-Weiß-Fehlschluss (Falsche Dichotomie)

KURZBESCHREIBUNG: Darstellung zweier exklusiver Optionen, obwohl es weitere Möglichkeiten gibt.

BEISPIEL: „Wer keine Überstunden leistet, macht seinen Job nicht richtig."

PROBLEMATIK: Es reduziert komplexe Themen auf zwei Optionen, obwohl es mehr Möglichkeiten gibt. Es könnte auch sein, dass jemand, der keine Überstunden leistet, besonders effizient arbeitet.

5. Zirkelschluss (Petitio Principii, Circular Reasoning, Begging the Question)

KURZBESCHREIBUNG: Das Argument setzt das zu Beweisende voraus.

BEISPIEL: „Die Bibel ist das Wort Gottes, weil sie sagt, dass sie das Wort Gottes ist. Und da die Bibel das Wort Gottes ist, muss das, was sie sagt, wahr sein."

PROBLEMATIK: Begründung und Schlussfolgerung sind identisch, wodurch sich das Argument im Kreis dreht und faktisch keinen Beweis erbringt.

6. Appell an die Autorität (Argumentum ad Verecundiam, Autoritätsargument)

KURZBESCHREIBUNG: Berufung auf eine Autorität als Beweis.

BEISPIEL: „Dieses homöopathische Medikament muss wirksam sein, weil es mein Arzt mir empfohlen hat."

PROBLEMATIK: Die Autorität der Person allein ist kein Beweis für die Richtigkeit des Arguments. Je eher jemand wirklich Experte auf einem Gebiet ist, desto stärker wird das Argument. Allerdings kann es auch bei Bezug auf eine wirkliche Autorität, wie im Falle des Arztes und Homöopathie, noch andere Gründe für die Empfehlung geben, statt der Wirksamkeit (etwa Anreize des Gesundheitssystems).

7. Appell an die Emotion (Emotions-Argument, Argumentum ad Passiones)

KURZBESCHREIBUNG: Emotionen statt rationale Argumente nutzen.

BEISPIEL: „Du darfst mich nicht kritisieren, denn das verletzt mich."

PROBLEMATIK: Um von der sachlichen Bewertung des kritischen Arguments abzulenken, wird emotionalisiert. Bei unangemessener Kritik kann das in Ordnung sein, bei konstruktiver Kritik ist es aber deplatziert – denn angebrachte Kritik kann helfen.

8. Dammbruch-Argument (Slippery-Slope)

KURZBESCHREIBUNG: Behauptung, dass ein erster Schritt zwangsläufig zu einer Kette von Ereignissen führen wird.

BEISPIEL: „Wenn wir Fußgängerzonen ausweiten, dürfen wir bald gar nicht mehr Auto fahren."

PROBLEMATIK: Es wird eine unvermeidliche Kettenreaktion angenommen, obwohl die jeweiligen Zwischenschritte nicht zwangsläufig folgen müssen.

9. Tu Quoque (Whataboutism, Red-Herring)

KURZBESCHREIBUNG: Es wird mit dem Verweis auf das fehlerhafte Verhalten des Gegenübers abgelenkt.

BEISPIEL: „Papa sagt, ich soll nicht rauchen, weil es ungesund ist, dabei raucht er selber!"

PROBLEMATIK: Es wird von der eigenen Verfehlung abgelenkt, indem man das Fehlverhalten des Gegenübers adressiert, obwohl das nichts an der eigentlichen Korrektheit der Aussage ändert.

10. Appeal to Ignorance (Argumentum ad Ignorantiam)

KURZBESCHREIBUNG: Behauptung, dass etwas wahr ist, weil es nicht widerlegt wurde.

BEISPIEL: „Es gibt keine Beweise gegen die Wirksamkeit von Homöopathie, also muss sie funktionieren."

PROBLEMATIK: Das Fehlen von Gegenbeweisen bedeutet nicht, dass etwas der Fall ist. Außerhalb der Mathematik lässt sich ohnehin kein Negativ beweisen. Nach dieser Logik wäre jede Behauptung gültig: „Beweise mir erst mal, dass es den Weihnachtsmann nicht gibt!"

11. Argument der Mehrheit (Appeal to Popularity, Argumentum ad Populum)

KURZBESCHREIBUNG: Annahme, dass etwas wahr ist, weil es viele Menschen glauben.

BEISPIEL: „Rammstein ist sehr erfolgreich, also muss ihre Musik gut sein."

PROBLEMATIK: Beliebtheit oder Popularität ist kein Beleg für Qualität oder Wahrheit. Über die Geschichte entsprachen viele Dinge der Mehrheitsmeinung, die sich später als falsch herausgestellt haben (z. B. das geozentrische Weltbild).

12. Traditionsargument (Appeal to Tradition, Argumentum ad Antiquitatem)

KURZBESCHREIBUNG: Argument, dass etwas gut oder richtig ist, weil es Tradition ist.

BEISPIEL: „Wir sollten das beibehalten, weil wir es schon immer so gemacht haben."

PROBLEMATIK: Tradition ist kein Beweis für die Richtigkeit oder Angemessenheit einer Praxis. Über die Geschichte gab es viele Traditionen, die sich später als falsch herausgestellt haben (z. B. das Opfern von Menschen).

13. No True Scotsman (Kein wahrer Schotte)

KURZBESCHREIBUNG: Definitionsänderung einer Kategorie, um Gegenbeispiele auszuschließen.

BEISPIEL: „Alle Schotten trinken Whiskey und wenn John keinen trinkt, dann ist er eben kein echter Schotte!"

PROBLEMATIK: Willkürliche Neudefinition, um die eigene Position gegen Kritik und Gegenbeispiele zu immunisieren.

14. Goldene Mitte (Argumentum ad Temperantiam)

KURZBESCHREIBUNG: Annahme, dass die Mitte zwischen zwei Extremen immer richtig ist.

BEISPIEL: „Beide Seiten haben extreme Ansichten, die Wahrheit muss irgendwo in der Mitte liegen."

PROBLEMATIK: Die Wahrheit oder die beste Lösung liegt nicht automatisch in der Mitte. Wenn jemand behauptet, der Himmel sei grün, und der andere korrekterweise sagt, der Himmel sei blau, lautet die Antwort nicht, der Himmel sei türkis (die Mischung aus Grün und Blau).

15. Kausaler Fehlschluss (False Cause)

KURZBESCHREIBUNG: Falsche Annahme einer Kausalbeziehung zwischen zwei Ereignissen.

BEISPIEL: „Seit ich das Amulett trage, habe ich keinen Schnupfen mehr gehabt."

PROBLEMATIK: Die zeitliche Nähe zweier Ereignisse bedeutet nicht, dass eines das andere verursacht. Kausalität und Korrelation sind nicht dasselbe.

16. Mehrdeutigkeit (Äquivokation, Equivocation)

KURZBESCHREIBUNG: Verwendung eines mehrdeutigen Wortes mit unterschiedlicher Bedeutung innerhalb eines Arguments.

BEISPIEL: „Die Evolution nach Darwin ist auch nur eine Theorie, also muss ich sie nicht glauben."

PROBLEMATIK: Der Fehlschluss nutzt die Mehrdeutigkeit des Begriffs „Theorie", um die Position zu entwerten. Umgangssprachlich bezeichnet Theorie eine unbegründete Behauptung, in der Wissenschaft bezeichnet Theorie aber eine empirisch fundierte und zuverlässige Erklärung.

17. Moving the Goalposts

KURZBESCHREIBUNG: Änderung der Kriterien für den Beweis eines Arguments, nachdem der ursprüngliche Beweis erbracht wurde.

BEISPIEL: „Du hast gezeigt, dass Magnus Carlsen der aktuell beste Schachspieler der Welt ist, aber beweise mir mal, dass er auch der beste Spieler aller Zeiten ist!"

PROBLEMATIK: Die ursprüngliche Fragestellung wird nachträglich verändert, um die Diskussion (unendlich) zu verlängern.

18. Cherry Picking

KURZBESCHREIBUNG: Auswahl von Daten oder Beispielen, die eine bestimmte Schlussfolgerung stützen, während Informationen, die dagegensprechen, ignoriert werden.

BEISPIEL: „Diese Diät funktioniert auf jeden Fall, denn ich kenne drei Leute, die damit abgenommen haben. Die anderen, bei denen sie nicht funktioniert hat, haben die Diät nur nicht richtig gemacht."

PROBLEMATIK: Die willkürliche Selektion der Daten verzerrt das Bild der Realität, da gegensätzliche Beispiele ignoriert werden. Das Beispiel zeigt außerdem den „Kein wahrer Schotte"-Fehlschluss auf, um Gegenbeispiele auszuschließen.

19. Perfektionistischer Fehlschluss (Nirvana Fallacy)

KURZBESCHREIBUNG: Ablehnung einer Lösung, weil sie nicht perfekt ist.

BEISPIEL: „Ein nachhaltiger Lebensstil ist sinnlos, weil man ohnehin nicht hundertprozentig nachhaltig leben kann!"

PROBLEMATIK: Es wird unerreichbare Perfektion als ultimativer Maßstab gesetzt und somit jede praktische Verbesserung, auch wenn sie nur teilweise erfolgt, ignoriert.

20. Reductio ad Hitlerum

KURZBESCHREIBUNG: Vergleich einer Position oder Person mit Hitler, um sie zu diskreditieren.

BEISPIEL: „Hitler war auch Vegetarier, also muss dein Vegetarismus schlecht sein!"

PROBLEMATIK: Es ist ein Ad-hominem-Angriff, der das eigentliche Argument nicht adressiert.

IV. Skeptizismus & Kritisches Denken

„The whole problem with the world is that fools and fanatics are always so certain of themselves, and wiser people so full of doubts."

(Bertrand Russell, britischer Philosoph, 1872 – 1970)

Dieses großartige Zitat ist leider immer noch gültig. Oft zögern diejenigen, die handeln sollten; denken diejenigen nach, die reden sollten; und zweifeln diejenigen, die richtig liegen. Grund dafür ist nicht (zwingend) fehlendes Selbstbewusstsein, sondern vielmehr der Fluch der Weit- und Umsicht: Weil man Wissen aufsaugt, denkt und reflektiert, wird einem erstens bewusst, wie viel man eigentlich nicht weiß und, das ist noch viel bedeutsamer, was das eigene (Fehl-)Verhalten für (negative) Auswirkungen haben könnte.

Währenddessen preschen die Idioten, nach reinster Dunning-Kruger-Manier, im ungebremsten Optimismus der Unwissenheit vor. Sie überschätzen sich, unterschätzen andere, sehen einen Baum, wo eigentlich ein Wald ist, und halten sich dann für den geborenen Förster. Sie machen, wenn sie warten sollten; sie plappern, bevor sie ihr Hirn einschalten; und sie sind überzeugt, obwohl sie keine Ahnung haben.

Dabei ist das nicht immer schlecht. Denn zu viel Zweifeln und Zögern kann uns paralysieren, während uns auch ignoranter Aktivismus wenigstens voranbringt. Was folgt daraus? Leider nicht nur, dass die Klugen öfter ihre Eier und die Doofen öfter ihren Platz finden sollten. Das wäre schön. Unglücklicherweise leiten Menschen daraus ab, dass sie automatisch zu den Schlauen gehören, weil sie an Dingen zweifeln. Querdenker, Verschwörungstheoretiker, Systemkritiker, Alternativdenker – sie alle bezweifeln offizielle Narrative und anerkannte Fakten und meinen, den heiligen Gral gefunden zu haben.

„Weißt du, ich blicke, im Gegensatz zu dir, über den Tellerrand hinaus", ist so ein Satz, der zumindest sinngemäß gerne verwendet wird. Das Problem ist dabei auch gar nicht, über den Tellerrand hinauszuschauen. Im Gegenteil! Das Problem ist a) davon auszugehen, dass es der andere nicht auch tut oder nicht bereits getan hat, und b) nicht zu erkennen, dass das Glas, durch das man blickt, keine Brille ist, die den Blick klarer macht, sondern eher ein Wasserglas, das die Sicht auf die reich gedeckte Tafel trübt.

1. Begriffserklärung

Skeptizismus bezieht sich auf eine philosophische Haltung, die ihre Wurzeln in der griechischen Antike hat und bis heute relevant ist. Nicht zufällig erinnert uns der Begriff an die moderneren Wörter *Skepsis* und *skeptisch* – sie alle haben den gleichen etymologischen Ursprung, bei dem es immer darum geht, etwas zu untersuchen oder zu betrachten. Man hinterfragt den Status quo, um herauszufinden, warum etwas ist, wie es ist, oder ob es wirklich ist, wie es scheint.

Entscheidend dabei ist, dass es im Skeptizismus nicht nur darum geht, alles nach Lust und Laune infrage zu stellen, sondern mit dem klaren Ziel des Erkenntnisgewinns. Man könnte nun einwenden, dass jede Frage und jedes Infragestellen auf eine Erkenntnis abzielt, und damit hätte man wahrscheinlich recht. Was den richtigen Skeptizismus aber ausmacht, ist die systematische Methodik, die dahintersteht: das kritische Denken.

Skeptizismus ist sozusagen die Geisteshaltung, zunächst alles zu hinterfragen, um es dann kritisch und systematisch zu überprüfen. An der Stelle der Überprüfung kommt das kritische Denken ins Spiel: Es bezeichnet den Prozess des unabhängigen Bewertens von Informationen durch Analyse, Deduktion und logisches Argumentieren (siehe Kapitel III. „Fehlschlüsse").

Das kritische Denken ist also eine Fähigkeit, die objektiv bewertbar und erlernbar ist.

Warum ich an dieser Stelle so viel Zeit darauf verwende, die Begriffe abzutrennen, hat mit deren Verwendung insbesondere im deutschen Sprachraum zu tun. Während im Englischen *skepticism* (Skeptizismus) und *skeptic* (Skeptiker) das Gleiche meinen, geht dem modernen deutschen „Skeptiker" oftmals aber die wichtigste Komponente ab: Ihm fehlt die Fähigkeit des methodisch richtigen kritischen Denkens.

2. Skepsis ≠ Skeptizismus

Menschen, die sich heutzutage als „Skeptiker" bezeichnen würden, halten sich für kritische Denker, sind in der Regel aber genau das nicht. Sie sind zwar insofern skeptisch, als sie regelmäßig Dinge in Zweifel ziehen, ihnen fehlen aber die Hilfsmittel, dies im gesunden Maße zu tun und sinnvolle Erkenntnisse zu gewinnen. Etwas bezweifeln kann jeder, eine sinnvolle Schlussfolgerung vom anfänglichen Zweifel über eine methodisch einwandfreie Untersuchung zu ziehen, ist hingegen die Kunst – und erst dann landen wir beim wahren Skeptischsein: dem Skeptizismus.

Der Schlüssel an dieser Stelle ist das Wörtchen „gesund" – was soll „im gesunden Maße" denn bedeuten? Bevor wir das beantworten können, müssen wir etwas Basisarbeit leisten. Prinzipiell kann man den Skeptizismus in zwei Kategorien unterteilen: den radikalen Skeptizismus und den gesunden Skeptizismus. Ersterer geht so weit, dass er wirklich alles infrage stellt – bis hin zur eigenen Existenz. Das klingt für Philosophie-Einsteiger ziemlich abgefahren und absurd, ist aber in sich eigentlich ziemlich logisch.

A) Radikaler Skeptizismus

Denke an etwas, von dem du absolut überzeugt bist, dass es wahr ist. Wahr in dem Sinne, dass es in der wirklichen Welt tatsächlich so ist, wie du es dir vorstellst. Das könnte etwas vermeintlich Eindeutiges sein, wie dass heute Freitag ist, dass die Sonne existiert oder dass du gerade ein Buch liest. Letzteres scheint ein gutes Beispiel zu sein, auf das wir uns einigen – im Prinzip kannst du den folgenden Denkprozess aber auf jedweden Fakt, dessen du dir sicher bist, anwenden:

Beginnen wir mit der Grundfrage: Woher weißt du, dass du ein Buch liest?

Antwort: Weil du es in der Hand hältst und die Buchstabensuppe, die ich indirekt auf das Papier geschrieben habe, in deinem Kopf zu Gedanken werden.

Aber auch diese Antwort kann weiter hinterfragt werden: Woher weißt du, dass du ein Buch in der Hand hältst und dein Verstand tatsächlich die Informationen verarbeitet, die ich in dem Buch verewigt habe?

Antwort: Weil du das Buch fühlen, sehen und vielleicht sogar riechen kannst. Zudem sagt dir dein Gedächtnis, dass Worte auf einem gebündelten Stapel Papier beim Anschauen irgendetwas Koordiniertes in deinem Kopf machen.

Aber auch diese Antwort kann hinterfragt werden: Woher weißt du, dass du deinen Sinnesorganen und deinen Erfahrungen trauen kannst?

Antwort: Weil deine Sinnesorgane, dein Verstand und dein Gedächtnis dir in der Vergangenheit relativ zuverlässig dabei geholfen haben, die Realität zu verstehen und in der echten Welt zu navigieren.

Aber auch diese Antwort kann – und da sind wir am Ende der Fragekette angekommen – ultimativ hinterfragt werden: Woher weißt du, dass du überhaupt existierst und diese Erfahrungen wirklich gemacht hast?

Ab hier wird es dann philosophisch sehr spannend, denn es ist in der Tat schwierig, vielleicht sogar unmöglich, darauf eine abschließende Antwort zu geben. Viele der möglichen Antworten führen immer weiter und weiter und werfen immer und immer wieder neue Fragen auf. Das nennt sich dann *infiniter Regress* und wir kennen das alle von nervigen kleinen Kindern, die das „Warum, warum, warum?"-Spiel anwenden, um uns auf die Nerven zu gehen.

Nun hast du als aufmerksamer oder genervter Leser das Problem bemerkt: Das bringt uns ja irgendwie nicht weiter. In der Tat wirft der radikale Skeptizismus einige schwerwiegende Fragen und Probleme auf: Wieso sollte mich interessieren, was um mich herum passiert, wenn ich bereits meine eigene Existenz infrage stelle? Weshalb sollte ich mich an

Regeln halten, wenn ich davonausgehe, dass wir genauso gut in einer Simulation (denke an den Film Matrix) leben könnten? Wieso soll ich mich überhaupt auf etwas verlassen, wenn ich vielleicht nicht mal meinen eigenen Augen trauen kann?

Um hier in keine existenziellen Löcher abzustürzen, orientieren wir uns hilfsweise an dem französischen Philosophen René Descartes und seinem viel zitierten und fast genauso oft missverstandenen Ausspruch „Ich denke, also bin ich", auch bekannt in der lateinischen Variante „Cogito, ergo sum". In seiner unmittelbarsten Interpretation stellt der Aphorismus Descartes Versuch dar, aus einem radikalen Skeptizismus auszubrechen. Seine Logik: Ich kann alles hinterfragen und sollte mir bezüglich nichts sicher sein, außer dass ich mir in meinen Gedanken diese Fragen stelle. Und weil ich weiß, dass ich darüber nachdenke, muss ich existieren. Denn gäbe es mich nicht, wären ja auch meine Gedanken nicht da bzw. niemand, der die Gedanken denkt.

B) Gesunder Skeptizismus

Für viele Leute ist ihre persönliche Erfahrung zu leben überzeugend genug, diese Frage gar nicht ernst zu nehmen. Am Ende ist auch egal, ob wir Descartes Philosophie oder einer anderen folgen – am Ende bleibt uns allen nichts anderes übrig, als irgendeinen Anker zu setzen. Sofern wir weiterleben möchten, müssen wir mindestens so tun, als gäbe es uns. Und in dieser Lebenswelt, in der es uns allen zumindest so scheint, als gäbe es uns und andere Menschen, auf die wir Einfluss haben, müssen wir uns – auf Gedeih und Verderb – auch auf gewisse Parameter einigen.

Damit meine ich zum Beispiel solche Grundwahrheiten, wie unser kollektives Gefühl, uns im Normalfall auf unsere Sinne und Erfahrungen verlassen zu können. Oder dass Mathematik akkurate Rechenergebnisse produziert. Oder dass eine Waage zuverlässig Gewichte anzeigt. Oder dass „dass" nicht „das" geschrieben wird. Können wir uns absolut sicher sein, dass diese Dinge *wirklich* so sind? Ich persönlich glaube das nicht – aber, wie gesagt, dieses Denken bringt uns ja nicht weiter. Alles, was wir tun können, ist, unter dieser Annahme zu leben, zu agieren und dabei möglichst vernünftige Entscheidungen zu treffen.

Damit sind wir endlich beim gesunden Skeptizismus angekommen. Dieser beschreibt eine vernünftige und ausgewogene Haltung des Zweifels und der kritischen Prüfung von Überzeugungen und Behauptungen. Ein gesunder Skeptiker akzeptiert nicht blindlings Informationen oder Argumente, sondern prüft sie sorgfältig auf ihre Stichhaltigkeit und Zuverlässigkeit. Er akzeptiert aber auch nicht zu wenige Fakten über die Realität, zum Beispiel die eigene Existenz oder die allgemein angenommene Tatsache, dass zwei plus zwei vier ergibt (ich habe nachgerechnet).

Was genau bezeichnet diesen gesunden Bereich? Schließlich haben so gut wie alle Menschen das Gefühl, ihre Überzeugungen und Erfahrungen seien rational begründet und verlässlich – ergo gesund. Leider muss ich spätestens jetzt den Spielverderber spielen uns insbesondere denen, die sich heute als Skeptiker bezeichnen, genau diesen Titel absprechen. Diese Menschen bewegen sich zu großen Teilen außerhalb des „gesunden" Bereichs des Skeptizismus.

Zugegeben, in der Komplexität der modernen Welt, die sich rasend schnell weiterentwickelt und in der sich Informationsflüsse tagtäglich nur noch so über uns ergießen, ist es verdammt schwierig, noch eindeutige Antworten über irgendetwas zu treffen. Die Tatsache, dass die wenigsten Fragen mit einem klaren Nein oder Ja beantwortet werden können, bedeutet aber eben nicht automatisch, alle Antworten seien gleich wahrscheinlich und gleich rational. Wie wir am Beispiel der Erdform sehen, liegen sowohl die Kugel- als auch Flacherdler strenggenommen falsch (mehr zu diesem Beispiel im Kapitel VIII. „Misstrauen"). Die Wahrheit liegt aber nicht in der Mitte. Die Erde ist nicht halbflach, sondern ellipsoid – was der Vorstellung von einer Kugel ganz eindeutig viel näherkommt als der Vorstellung einer Scheibe. Eine Erklärung ist also sehr viel rationaler als die andere – und darum geht es.

Trotzdem gibt es eine – gar nicht mal so kleine – Gemeinschaft an Menschen, die mir hier widersprechen würden. Aber wie kann das sein? Abstrakt gesprochen leben diese Leute nicht in der gleichen Welt wie ich, denn sie basieren ihre Schlussfolgerungen nicht auf den gleichen Grundannahmen (oder Grundwahrheiten, wie ich sie vorhin genannt habe). In ihrer Welt sind, aus welchen Gründen auch immer, Satellitenbilder aus dem All,

Augenzeugenberichte von Astronauten, am Horizont verschwindende Schiffe, die Position von Sternbildern und sonstige Berechnungen nicht glaubwürdig genug, um sie von ihrem Weltbild abrücken zu lassen.

Die Grundwahrheiten, auf denen mein Weltbild fußt, umfassen die Gültigkeit von Logik, die Verlässlichkeit der wissenschaftlichen Methode und die Annahme, dass ich nicht immer und überall getäuscht werde. Beispielsweise muss es logisch sein, dass etwas nicht gleichzeitig der Fall und nicht der Fall sein kann. Wer hier radikalen Skeptizismus anwendet, kann das tun, er verlässt damit aber die reale Welt. Ein Zusammenleben mit jemandem, der behauptet, er habe dir eine Ohreige verpasst, aber gleichzeitig habe er dir keine Ohrfeige verpasst, ist zum Scheitern verurteilt. Nur eins davon kann wahr sein.

Wissenschaft ist vertrauenswürdig, weil wir beispielsweise davon ausgehen müssen, dass ein Experiment unter gleichen Bedingungen auch beim einhundertsten Mal das gleiche Ergebnis hervorbringt wie die neunundneunzig Male davor. Wir ignorieren hier zwar das sogenannte Induktionsproblem nach David Hume (es folgt logisch nicht, dass die Sonne morgen aufgeht, nur weil sie bisher jeden Morgen aufgegangen ist), es ist aber trotzdem durchaus rational, sich darauf zu verlassen, dass identische Rahmenbedingungen identische Ergebnisse erzeugen.

Natürlich könnte ich mit meinen Grundwahrheiten falsch liegen, weil ich einfach von Anfang an und ständig belogen und getäuscht werde. Von Gott, von einem bösen Wissenschaftler, der mich in eine Simulation gepackt hat, von einer großen Weltverschwörung, von der Regierung oder von meinem eigenen Bewusstsein. Vielleicht schreibe ich gerade gar kein Buch, sondern laufe brabbelnd und sabbernd in einer Zwangsjacke immer wieder mit dem Kopf gegen die Wand meiner Gummizelle. Wenn ich aber davon ausgehen will, dass ich ein wirkliches Leben führe, dann muss ich auch davon ausgehen, dass gewisse Aspekte davon real sind. Und welche das sind, dafür muss ich mein kritisches Denken schulen, um abzuwägen, was sicher, was wahrscheinlich und was unwahrscheinlich ist.

Wer kritisches Denken gelernt und geübt hat, wird nach Prüfung der verschiedenen Indizien schnell zu der Auffassung kommen, dass es sehr viel wahrscheinlicher ist, dass wir wirklich auf einem ellipsoiden Planeten leben. Aber weshalb sitzen manche Menschen trotzdem solchen Irrtümern auf? Lassen wir soziologische Aspekte mal beiseite, denn es spricht durchaus einiges dafür, dass das Gemeinschaftsgefühl, die Zugehörigkeit zu einer Gruppe Gleichdenkender, die einer großen Sache auf der Spur sind, ein gewichtiger Faktor in dieser Gleichung ist. Auf rein empirischer Ebene gibt es nur zwei Möglichkeiten, warum manche Leute dennoch zu anderen Schlüssen kommen:

1. Es mangelt an wissenschaftlichem und logischem Verständnis.
2. Es mangelt an Vertrauen.

Wissen baut sich axiomatisch auf. Man kann es sich vorstellen wie ein Gebäude, welches man selbst baut. Wenn ich kein solides Fundament habe, bricht es irgendwann zusammen. Wenn ich irgendwelche Schritte überspringe und die Wände vergesse, liegt das Dach irgendwann direkt auf dem Fußboden. Und wenn ich auf dem Weg, das Haus zu bauen, falsche Werkzeuge und unpassendes Material verwende, dann klopfe ich einen Plastiknagel so lange mit einem Gummilöffel in eine ungesicherte Steckdose, bis es einen Kurzschluss gibt und mein ganzes Haus in Flammen steht.

Wenn ich also in der Schule nicht aufgepasst und das Kapitel zur Erdanziehungskraft verpasst habe, muss eine kugelförmige Erde für mich unplausibel klingen. Ohne das Verständnis der Gravitation müsste man fast meinen, dass man von einer Kugel einfach herunterfällt, wenn irgendwie überall unten ist. Für einen Menschen aus dem Mittelalter war es deshalb auch nicht irrational, diese Vorstellung zu haben – ihm war das Gravitationsprinzip einfach nicht bekannt. Falsch war seine Vorstellung trotzdem – eben aus Mangel an wissenschaftlicher Information und dem entsprechenden Verständnis.

Es ist allerdings davon auszugehen, dass nicht jeder Flat-Earther ständig die Schule geschwänzt und auch im weiteren Verlauf seines Lebens nie von den Indizien für Newtons Gravitationsgesetz oder einer kugelförmige Erde gehört hat. Für viele wird die Analogie des brennenden Hauses ohne Wände auf ihre Fähigkeit zum kritischen Denken zutreffen und damit als Erklärung ausreichen. Was ist aber mit denen, die es eigentlich besser wissen müssten, weil sie sowohl die nötigen Informationen als auch das logische Verständnis besitzen?

In Kapitel VIII. „Misstrauen" spreche ich ausführlich darüber, woraus ein Misstrauen gegenüber Organen wie Regierungen, Konzernen oder wissenschaftlichen Institutionen entspringen kann. An dieser Stelle sei gesagt, es ist durchaus rational, auf Grundlage mangelnden Vertrauens Dinge anzuzweifeln. Wer aber grundsätzlich davon ausgeht, immer und überall belogen zu werden, kann auch nicht kritisch denken – weil die Grundlagen dafür ja ebenfalls angezweifelt werden. Hier landen wir auch in einem radikalen Skeptizismus, der, wie in diesem Kapitel beschrieben, einfach nicht praktikabel ist.

C) Kritisches Denken

An dieser Stelle ist es wichtig, das Konzept des kritischen Denkens mit etwas Substanz zu füllen, denn dem ein oder anderen Leser wird bis jetzt immer noch unklar sein, was sich dahinter konkret verbirgt. Grundsätzlich bieten die bisherigen Kapitel dieses Buches die essenzielle Grundlage dafür: Nur wer die eigene Fehlbarkeit anerkennt, akzeptiert, dass die eigene Wahrnehmung durch Biases verzerrt wird, und versteht, wie man gut argumentiert und Fehlschlüsse erkennt, ist überhaupt in der Lage, einen Sachverhalt kritisch zu untersuchen.

Sich im kritischen Denken zu schulen ist nichts, was man einfach so im Vorbeigehen lernt. Es gibt auch kein Rezept oder eine genaue Anleitung, wie das am besten funktioniert. Es ist ein iterativer, unendlicher Prozess, in dem man sich ständig weiterentwickelt und dazulernt. Übung macht den Meister und die Bereitschaft, stetig an sich zu arbeiten, ist die halbe Miete. Wer beginnen will, sein kritisches Denken zu verbessern, kann sich an folgenden Punkten orientieren und versuchen, diese in den eigenen Modus Operandi zur Informationsverarbeitung zu integrieren.

1. Konsequentes Hinterfragen

Dieser Punkt sollte offensichtlich sein, ist er aber in der Praxis leider nicht. Wer sich nur mal auf sozialen Medien umschaut, wird das sofort bemerken. Wie viele Texte oder vor allem Videos einfach ohne jegliche Prüfung kommentiert und geteilt werden, ist schockierend. Auch über WhatsApp oder Telegram werden Inhalte häufig mit einem Klick millionenfach weiterversendet, ohne sich darüber Gedanken zu machen, woher sie stammen. Man sollte sich immer fragen: Was bedeutet die Information? Von welcher Quelle stammt sie? Zu welchem Zweck wird sie verbreitet? Ist das, was ich sehe, wahr oder fake? Ist es echt oder AI-generiert?

Wenn man sich hier schon etwas Zeit nimmt, kurz innehält und gegebenenfalls etwas weiter recherchiert, weiß man schon deutlich mehr Sinnvolles von der Information abzuleiten als jemand, der nicht reflektiert, der null hinterfragt. Diese Prüfung gilt auch für moderne Influencer – schon ein Blick ins Impressum ihres Kanals oder ihrer Website kann Aufschluss darüber geben, ob sie eigenständig sind oder zu irgendwelchen Netzwerken gehören, die sie möglicherweise entscheidend beeinflussen.

2. Weiterführende Recherche

Oft reicht es aus, die Kernaussage einer Nachricht, eines Bildes oder eines Videos zu googeln. Schon mit den ersten Treffern kann man die offensichtlichsten Fake-News aussortieren und die am häufigsten gestellten Fragen werden beantwortet. Wenn einem diese Informationen nicht reichen, sollte man weiter recherchieren: Wer sind die relevanten Experten? Mit wem stehen sie in Verbindung? Worüber publizieren sie in der Regel? Was sind Standardwerke für das relevante Thema oder Feld?

Will man wirklich tief in ein Thema eintauchen, ist die Bibliothek nach wie vor die verlässlichste Anlaufstelle. Natürlich können heutzutage Videos sehr viel schneller Wissen vermitteln – das funktioniert aber nur, wenn wir auch hier eine Quellenprüfung durchführen. Ist das ein relevanter Experte im Feld? Was sagen andere Experten zu meiner Quelle? Weshalb wird sie als verlässlich oder problematisch angesehen?

Hier sollte nicht unerwähnt bleiben, dass alternative Medien sowohl Fluch als auch Segen sein können. Sie wären ein Segen für Gesellschaften, die massiv gesteuert und manipuliert werden – denken wir zum Beispiel an Nordkorea, wo nahezu alle Berichterstattung der Propaganda und dem Personenkult um die Kim-Familie unterliegt. Kritiker, die auch in der deutschen Medienlandschaft eine gewisse Gleichschaltung sehen, müssen zumindest eingestehen, dass es gewisse Abstufungen gibt. Niemand bei klarem Verstand dürfte bestreiten, dass es massive Unterschiede zwischen beiden Ländern gibt, was Presse- und Meinungsfreiheit betrifft. Deutschland ist nicht perfekt, aber in dieser Hinsicht sicherlich besser als Nordkorea.

Wenn wir von Deutschland als Land mit grundsätzlich viel Presse- und Meinungsfreiheit ausgehen, sind alternative Medien ebenfalls ein Segen. Nicht nur, weil sie mir eine neue Karriere ermöglichen, sondern vor allem, weil sie die Meinungs- und Quellenvielfalt exponentiell erweitern und eine vollständige Meinungsdiktatur per Definition ausschließen. Dennoch gibt es ein Haar in der Suppe: Da alternative Medien in der Regel unabhängig sind, gibt es auch keine Qualitätskontrolle, der sie unterliegen. Deshalb ist es mitunter schwer zu beurteilen, ob man gerade einer verrückt gewordenen Katzendame zuhört oder jemandem, der wirklich etwas auf der Spur ist. Auch in Fällen solcher Influencer, mich eingeschlossen, ist es empfehlenswert, Hintergrundrecherche zu betreiben und kritisch zu hinterfragen, welche vorpolitische Agenda die Person verfolgt (und gegebenenfalls für wen).

3. Perspektivwechsel

Unsere News-Feeds und Algorithmus-Bubbles helfen uns, schnell zu den Informationen zu kommen, die uns interessieren. Genau deshalb schlägt dir YouTube bei jedem Besuch Videos vor, die dich vermutlich interessieren. Schaust du dir ständig Sport-Videos an, wird dir der Algorithmus mehr und mehr Sport-Videos vorschlagen und nicht einfach so anfangen, dir Klavier-Tutorials zu präsentieren. Identisch ist es leider auch bei Nachrichten: Dir werden immer wieder dieselben Quellen vorgeschlagen, weil du in der Vergangenheit Interesse daran gezeigt hast und der Algorithmus sich erhofft, dass du hier wieder klickst.

Deshalb sollten wir bewusst darüber nachdenken, wie die Gegenseite das Thema sieht. Wer sind relevante Experten für die andere Perspektive? Wie angesehen oder problematisch sind diese Quellen und warum? Kenne ich überhaupt die Argumente, die gegen meine Sicht sprechen? Seinen Blick aktiv zu wechseln und ein Thema aus ganz anderer Perspektive zu betrachten, kann Gold wert sein, die eigene Meinung zu überprüfen.

4. Analyse

Wer die Sachlage und die Argumente kennt, sollte sie sich einzeln vornehmen und gründlich analysieren. Komplexe Probleme sollte man in Einzelteile zerlegen, Argumente identifizieren und auf Logik und Fehlschlüsse überprüfen (siehe Kapitel III. „Fehlschlüsse"). Sobald wir zu einer Schlussfolgerung gekommen sind, sollten wir uns fragen, welche persönlichen Biases hier eine Rolle gespielt haben könnten. Habe ich mich möglicherweise vom Confirmation Bias leiten lassen (siehe Kapitel II. „Bias")? Falls ja, sollte man den Prozess möglicherweise wiederholen.

5. Feedback

Sprich mit anderen über die Themen und deine Erkenntnisse. Dabei ist jedes Gespräch wertvoll – selbst Streitgespräche oder jemandem zuzuhören, der scheinbar wenig Ahnung hat, kann dich weiterbringen. Wichtig sind natürlich Gesprächspartner, die auf sachlicher Ebene mit dir diskutieren und Argumente austauschen können. Je leichter die Gesprächspartner ihre Emotionen vom Inhalt trennen können, desto besser. Aber egal, mit wem du einen Dialog führst, du bekommst direktes Feedback zu deiner Meinung und erfährst, weshalb andere sie teilen und weshalb nicht. Möglicherweise findest du Schwachpunkte in deiner Überzeugung, zum Beispiel, wenn du etwas nicht ausreichend begründen oder erklären kannst.

Diese fünf Schritte stellen keinesfalls eine vollständige Liste notwendiger Stufen zum kritischen Denken dar, sondern können allenfalls eine Orientierungshilfe sein. Wir sehen aber auch hier, wie wichtig es ist, überhaupt in Dialoge zu gehen und zu versuchen, die andere Perspektive zu verstehen. Wer sich aus Angst vor negativem Feedback oder ganz einfach aus Bequemlichkeit immer wieder von den angenehmen Quellen berieseln lässt, die einen in dem bestätigen, was man weiß und hören will, wird kaum etwas dazulernen.

Zu guter Letzt möchte ich in diesem Kapitel noch mit einem Irrglauben aufräumen, der mir immer wieder begegnet: Eine Meinung wird nicht rational, weil sie korrekt ist, eine Meinung ist rational, wenn sie mit den verfügbaren Informationen korrespondiert. Was zur Hölle heißt das nun wieder? Ganz einfach. Stellen wir uns in der Tradition des großartigen Carl

Sagans drei Personen vor, die miteinander sprechen, und einer davon (Person A) behauptet, in seiner Garage befinde sich ein Drache. Nein, es sei kein handelsüblicher Winddrachen, sondern einer, der dem Game-of-Thrones-Universum entstammen könnte: riesig, schuppig, Feuer speiend.

Die zweite Person B bezweifelt, dass sich ein solcher Drache in der Garage befindet, während die dritte Person C glaubt, dass dieser Drache tatsächlich existiert und in besagter Garage befindlich ist. In bester empirischer Manier betreten die drei Personen gemeinsam die Garage, um sie nach einem Drachen zu untersuchen und siehe da: Es befindet sich tatsächlich ein realer Feuer speiender Drache in der Garage. Ist nun Person B oder C die rationale Person? Es ist selbstverständlich Person B, die davon ausging, dass sich kein Drache in der Garage aufhält. Wer das Kapitel aufmerksam gelesen hat, dem sollte klar sein, warum. Falls nicht, empfehle ich, das Kapitel dringend nochmals zu lesen.

Zur Vollständigkeit: Warum? Wir müssen uns fragen, worauf sich die Einschätzungen beider Personen berufen. Während C an den Drachen glaubt, weil es A gesagt hat und es ja theoretisch sein kann, ist die Meinung von B deutlich fundierter: Es gab bis zum Betreten der Garage so gut wie keine Belege dafür, dass heute oder jemals Drachen existierten. Es gibt beispielsweise keine ernst zu nehmenden Augenzeugenberichte und keinerlei entsprechende Fossilien. Berichte berufen sich vielleicht auf antike Mythen und Sagen oder höchstwahrscheinlich auf besonders eindrucksvolle Krokodile oder Schlagen. Vielleicht haben irgendwelche Dinosaurier Feuer gespuckt, aber auch dann wäre es nahezu ausgeschlossen, dass ein solches Exemplar bis heute überlebt hat. Zudem wäre es äußerst unwahrscheinlich, dass riesige Drachen, wenn sie denn die Zeit überdauert hätten, bis heute unbemerkt geblieben wären. Zudem entstehen Lebewesen nicht einfach so, sondern stammen von Vorfahren ab. Es wäre also ein weiteres Rätsel, wieso wir von den Vorfahren ebenfalls nichts mitbekommen haben.

Der Fall ist also klar: Obwohl C recht behalten hat, weil sich der Drache wirklich in der Garage befand, war seine Meinung irrational. Eben weil die Daten- und Faktenlage bis zum gegenteiligen Beweis sehr eindeutig nahelegte, keine Drachen zu erwarten. Auf Basis der Erkenntnis, dass es wirklich

Drachen gibt, ändert sich aber nun die Bewertung der verschiedenen Meinungen als rational bzw. irrational. Die Erwartung, lebende Drachen in Garagen antreffen zu können, ändert sich maßgeblich durch die bezeugte Information, dass das mindestens einmal vorgekommen ist.

Weil sich die Information zur Existenz von Drachen fundamental geändert hat, verschiebt sich auch die vormals rationale Position von B in Richtung Irrationalität und umgekehrt die vormals irrationale Position von C in Richtung Rationalität. Das gilt aber nur für die Zukunft. Rückwirkend ist und bleibt die Position, an einen Drachen geglaubt zu haben, irrational, auch wenn sie sich bewahrheitet hat. Weil sie eben nicht den Informationen und der korrekten Bewertung entsprach. Nur weil C aus Versehen recht hatte, ist er immer noch kein Skeptiker – denn seine Fähigkeit des kritischen Denkens hatte mit seiner Schlussfolgerung wenig bis nichts zu tun.

3. Was wir uns merken sollten

Skeptisch zu sein, ist grundsätzlich weder gut noch schlecht. Es kommt auf das Wie und auf den Grad der Skepsis an. Heutzutage schimpft sich „Skeptiker", wer so gut wie jedes offizielle Narrativ hinterfragt, sei es auch noch so gut belegt und dokumentiert. Im 21. Jahrhundert sehen wir einen modernen radikalen Skeptizismus auf Hochtouren laufen, der oft aussieht wie sein historisches Vorbild – nur leider ohne jegliche Sicherheitsgurte. Heutige radikale Skeptiker zweifeln alles an, von der Wissenschaft bis zu historischen Fakten, oft gestützt auf ein tiefes Misstrauen gegenüber Autoritäten und Institutionen, weniger auf kritische Analyse.

Dinge aus Prinzip abzulehnen, nur weil man dagegen sein will, verdient nicht mal den Titel Querdenker, sondern höchstens Quertreiber. Ein gesunder Skeptizismus drückt sich nicht nur durch das Grundprinzip des Zweifelns aus, sondern vor allem durch saubere Methodik: den sinnvollen Einsatz kritischen Denkens. Das ist keine Superkraft, sondern reine Übung analytischer Fähigkeiten. Nur wenn sie gänzlich fehlt, wirkt sie so verheerend wie das Kryptonit bei Superman. Ohne kritisches Denken ist man als Zweifler kein Skeptizist, sondern allenfalls ein misstrauischer Fragesteller – und darin vermutlich nicht besonders gut.

Dieses Misstrauen beruht auf einem grundsätzlichen Vertrauensverlust gegenüber Autoritäten und Obrigkeiten. Die Geschichte hat gezeigt, dass Regierungen, Politiker und Konzerne durchaus in der Lage sind, zu lügen und zu täuschen. Deswegen haben alle Skeptiker recht, wenn sie aufgrund dieser historischen Tatsache kein blindes, vollumfängliches Vertrauen in offizielle Narrative haben. Das wäre absurd und naiv. Noch deutlich absurder ist aber, daraus zu schließen, man könne überhaupt nichts mehr glauben und es wäre angemessen, alles immer und im gleichen Maße zu bezweifeln. Das ist ein völliges *non sequitur* – es folgt logisch nicht. Alles, was folgt, ist, dass wir vorsichtig sein sollten bei dem, was wir glauben, und genauso bei dem, was wir nicht glauben. Das geht nur durchs Nachdenken – und das am besten kritisch: analytisch, strukturiert und realistisch.

Weitere Argumente für radikalen Skeptizismus sind Bildungsmangel und Echokammern, sowohl digital als auch im realen Leben. Bildungslücken führen dazu, nicht mehr zwischen fundierten Argumenten und schön klingendem Unsinn unterscheiden zu können. Man ist entweder nicht in der Lage, Quellen zu überprüfen und ihre Validität zu checken, oder man spricht Quellen willkürlich Glaubwürdigkeit zu oder ab – je nachdem, welche Quelle unsere Biases und Vorurteile bedient.

Echokammern sind ein ganz eigenes Phänomen, welches wir alle aus dem realen Leben kennen und welches über Social Media um ein Vielfaches potenziert wird: Man umgibt sich nur mit einem beschränkten Kreis an Personen und Meinungen und der Informationsaustausch ist, absichtlich oder unabsichtlich, fehlerhaft. Es findet im Prinzip das Stille-Post-Prinzip am Stammtisch statt.

Wir haben es alle in der Kindheit gespielt: In einem Kreis flüstert Kind A dem nächsten Kind B eine Nachricht ins Ohr. Kind B hört zu und gibt das, was es verstanden hat, flüsternd an Kind C weiter. So geht es weiter bis zu Kind X, welches am Ende laut ausspricht, was bei ihm angekommen ist – je größer die Abweichung zur Ursprungsnachricht von Kind A, desto witziger. Oft verändert sich die ursprüngliche Nachricht durch Missverständnisse oder Hörfehler bis zum Ende der Kette erheblich. Wer schon mal Opfer eines negativen, aber nicht zutreffenden Gerüchts war, kennt das gleiche Phänomen – nur ohne Witz. Passend zur Analogie entstehen Gerüchte nicht zuletzt gerne an Stammtischen.

Ähnlich verhält es sich in Echokammern, in denen ursprüngliche Informationen oft verzerrt und verändert weitergegeben werden. Unter Echokammern versteht man reale oder digitale Räume, in denen sich die Meinungen und Überzeugungen der Beteiligten durch ständige Wiederholung und Bestärkung durch Gleichgesinnte verstärken, ohne dass widersprüchliche Perspektiven oder kritische Diskussionen zugelassen werden. Ein Stammtisch ist in seiner Meinungsvarianz rein physisch und logistisch beschränkt – dort können nur X Leute mit Y Meinungen sitzen. Und wenn weder Hans noch Ines oder Mustafa gehört haben, dass zwei und zwei vier ergibt, dann wird's beim gemeinsamen Rechnen schon mal wild.

Ein digitaler Stammtisch hat in der Regel den Vorteil, dass mehr Leute daran teilhaben können. Umgekehrt bekommt so aber jede noch so exotische Meinung eine überproportional große Legitimität, weil man durch die unendliche Reichweite des Internets viel eher auf Gleichgesinnte stößt und damit den Eindruck erhält, die eigene Meinung sei rational. Während ein Flat-Earther am lokalen Stammtisch in der hiesigen Eckkneipe ausgelacht worden wäre, trifft er im World Wide Web auf genug andere, die das mit der Erdkrümmung auch noch nicht für wahr halten. Gemeinsam bildet man sich dann ein, im Gegensatz zum realen Stammtisch, der „blind dem Narrativ der kugelförmigen Erde vertraut", klarzusehen.

In beiden Fällen des Stammtischs wird dazu auch noch Stille Post gespielt. Oft wird nur das mitgeteilt oder gehört, was Sender und Empfänger möchten. Das kann am bewussten Vorfiltern von Informationen liegen, um den eigenen Bias zu füttern, oder einfach daran, dass man dieselben Denkfehler macht und deshalb zu den gleichen Fehlschlüssen kommt. Im Matheunterricht habe ich mich auch gefreut, wenn noch jemand das gleiche Ergebnis hatte wie ich. Das änderte aber nichts daran, dass es meistens dann doch falsch war.

Nach dem Muster der Stillen Post können Information innerhalb einer Gruppe so lange weitergegeben werden, bis sie gar eine extremere Form annehmen. Ganz einfach deshalb, weil sämtliche Korrekturmechanismen fehlen. Selbst wenn sich jemand an den Stammtisch verirrt, der es besser weiß, wird derjenige als Abweichler nicht ernst genommen. Auch wenn er Belege, beispielsweise Zeitungsberichte oder Statistiken, vorlegen kann, wird entweder die Qualität oder Vertrauenswürdigkeit der Quelle hinterfragt oder schlichtweg nicht verstanden. Wenn neun Leute glauben, dass zwei und zwei fünf ergibt, wirst du es auch als Mathematik-Professor schwer haben, sie vom Endergebnis vier zu überzeugen – insbesondere wenn sie „überstudierten Akademikern" nicht vertrauen, vielleicht unterstellen, man sei „von X oder Y bezahlt oder gekauft worden", oder die Zuverlässigkeit des mitgebrachten Taschenrechners infrage stellen. Selbst wenn da am Ende eine eindeutige Vier zu sehen ist, könnte es immer noch sein, dass sie die Ziffer nicht richtig lesen können.

Diese Beispiele mögen übertrieben bis lächerlich erscheinen – die Tatsache, dass die Flat-Earth-Society aber überall auf der Welt verbreitet ist, gebildete Leute im 21. Jahrhundert die Wirksamkeit von Impfungen (ich spreche nicht von Corona-Maßnahmen, sondern vom generellen Impfverfahren) bezweifeln oder weltweit weiterhin Horoskope gelesen werden, lässt mich daran zweifeln, ob sie wirklich so viel abstruser sind als die Realität, in der wir leben.

V. Links & Rechts

„Sobald du mich etikettierst, negierst du mich."

(Søren Kierkegaard, dänischer Philosoph, 1813 – 1855)

Ein Trend politischer und gesellschaftlicher Debatten war schon immer, Menschen zu kategorisieren und mit bestimmten Etiketten zu versehen. Das folgt konsequent unserer universell-menschlichen Neigung, andere anhand von verschiedenen Heuristiken einzuordnen. Die Repräsentativitätsheuristik beschreibt beispielsweise unsere Tendenz, Personen anhand ihrer Ähnlichkeit zu einer stereotypen Vorstellung zu beurteilen. Das drückt sich aus, wenn ich von meiner Leidenschaft fürs Schachspiel erzähle und seit jüngster Kindheit aktiver Vereinsspieler bin – oft wird mir spontan nicht geglaubt, weil ich als extrovertierte Person den Klischees eher nicht entspreche.

Diese Heuristik kann sich aber nicht nur so harmlos, sondern auch als Bias ausdrücken, der zu gefährlichen Stereotypen führen kann, die sich als Rassismus, Sexismus, Homophobie, Transfeindlichkeit, Ableismus und mehr ausdrücken können. Diese Labels sind daher sinnvoll und wir sollten uns auch nicht davor scheuen, sexistische Dinge sexistisch und rassistische Menschen Rassisten zu nennen. Labels helfen uns, bestimmte Verhaltensweisen und Einstellungen klar zu benennen und zu adressieren. Aber: Wir sollten das aus zwei Gründen mit Bedacht tun.

Erstens laufen wir Gefahr, Menschen auf dieses Etikett zu reduzieren und ihre gesamte Persönlichkeit zu negieren. Das spiegelt die Idee Kierkegaards wider, dass wir uns davor hüten sollten, Menschen in Schubladen zu stecken. Wir sollten uns bemühen, ihre Individualität in ihrer ganzen

Tiefe zu erfassen und zu respektieren. Zweitens verliert eine solche Bezeichnung an Wert und Aussagekraft, wenn wir sie unangemessen oder inflationär verwenden.

Beide Seiten im Kulturkampf machen sich dieses Vergehens schuldig, indem sie alles Progressive „woke" oder alles Konservative „rechts" schimpfen. Der Teil des politischen Spektrums, der sich als klassisch links einordnen würde, macht gar den großen Fehler, sich selbst zu zerfleischen. Die radikale Linke verstößt nämlich nicht nur Konservative und Rechte, auch Verbündete kann es hier und da erwischen. Denn: Egal, wie woke du bist, du bist nie woke genug. Es wird sich immer jemand finden, dem du nicht sensibel, nicht differenziert, nicht informiert genug bist. Sobald du nicht überall mitgehst, sondern den vermeintlichen Fortschritt kritisch hinterfragst, läufst du Gefahr, als „rechts" gelabelt zu werden.

Niemand leugnet die Existenz radikaler Rechter, die aus einer Illusion genetischer oder historischer Überlegenheit Normabweichlern ihre Menschenrechte (ganz oder in Teilen) absprechen wollen. Das Spektrum der Woke-Gegner ist breit und reicht von wirklichen Neonazis bis hin zu angesehen Wissenschaftlern, die eindeutig linke Werte vertreten (ein bekanntes Beispiel ist die auch in Deutschland populäre US-amerikanische Philosophin Susan Neiman, die das in ihrem Bestseller „Links ≠ Woke" dargelegt hat). Egal, welche Motivation deiner Ablehnung des Konzepts zugrunde liegt, du wirst in irgendeiner Form aber sofort mit rechts assoziiert. Diese Zuschreibung bleibt vielmals haften, selbst wenn du dich selbst als links siehst, aber manche gesellschaftlichen Veränderungen kritisch hinterfragen möchtest.

Aber die Rechte wäre nicht die Rechte, wenn sie sich bei all der (aus meiner Sicht) berechtigten Kritik an bestimmten Entwicklungen und Mechanismen nicht einem ähnlichen Verbrechen schuldig machen würde: Wer gesellschaftliche Veränderungen anstrebt oder Tradition und Natürlichkeit nicht automatisch als gut ansieht, wird schnell als „links", als „Gutmensch" oder als „links-grün versifft"abgestempelt.

Diskussionen darüber werden ähnlich absurd geführt wie am anderen Ende des Kulturkampfs: „Was? Du setzt dich für die gleichgeschlechtliche Ehe ein? Wahrscheinlich bist du auch für die unkontrollierte Geschlechtstransition bei Kindern und willst unsere Gesellschaft abschaffen, wenn wir gar keine Kinder mehr kriegen!" „Du möchtest bei fehlgeschlagener Integration auch darüber reden, was der Staat und die deutsche Gesellschaft versäumen, um Integration zu erleichtern? Du willst wohl allen faulen Ausländern den Arsch mit Geld vollpumpen und dich ausnutzen lassen!"

Überhaupt gehören auch alle Bezeichnungen aus der „Woke"-Familie zu den Labels, die wild herumgeworfen werden. Denn ob du nun ein blauhaariger, genderfluider Klimakleber bist oder jemand, der sich nur etwas mehr für gesellschaftliche Progressivität einsetzt als der Durchschnittsdeutsche – du wirst mit dem „Wokismus" assoziiert, und das bleibt vielmals hängen, selbst wenn du dich als eher konservativ bezeichnest und lediglich bedenkliche Rückschritte kritisch siehst.

Was aus dieser Schilderung bisher deutlich werden sollte: Auch die Begriffe „links" und „rechts", „Wokie" oder „Nazi" haben beinahe jegliche Bedeutung verloren. Wir wissen alle, was damit ungefähr gemeint ist, aber wirklich passend ist es nie – weil diese Begriffe durch ihren inflationären Gebrauch inzwischen beinahe auf alles und nichts zutreffen. Auch ich verwende den Begriff „woke" nur mangels Alternativen. Er beschreibt sowohl eine sehr reale und starke Tendenz der linken Hysterie in Sachen Identitätspolitik als gleichzeitig auch ein imaginiertes Feindbild der rechten Hysterie hinsichtlich eines vermeintlichen Werteverfalls der Gesellschaft.

1. Begriffserklärung

Diese widersprüchlich anmutende Kapiteleinleitung kann ich, hoffentlich, im Folgenden erklären. Sämtliche Beobachtungen und Ausführungen bis hierhin münden in meiner These, dass vom ursprünglich sehr differenzierten und multidimensionalen politischen Spektrum nur noch zwei Pole auf einer einzigen Achse übrig geblieben sind: die linke Tendenz, Dinge verändern zu wollen, und rechte Tendenz, Dinge zu erhalten. Wenn ich also in diesem Buch von „links" und „rechts" spreche, dann meine ich damit das Spannungsfeld *progressiv vs. konservativ*.

Mir hier eine Übersimplifizierung vorzuwerfen, ist einerseits fair, da nicht jedes politische Themenfeld auf diese beiden gegensetzlichen Parameter heruntergebrochen werden kann. Ich behaupte aber dennoch, dass diese Sichtweise bezüglich der Themen, die ich im weiteren Verlauf des Buches behandle, gerecht werden. Die von mir verwendete Definition von „links" und „rechts" mag nicht jedem Leser gefallen – sie ist aber, das zeigt der zunehmend wütende Kulturkampf aus meiner Sicht, ganz eindeutig, entsprechend der Sicht- und Denkweise der meisten Menschen in Deutschland, in diesem Kontext angemessen.

2. *Links vs. rechts* bestimmt unser Denken

Ich bin kein Politikwissenschaftler und mir ist durchaus bewusst, dass es nach wie vor elaborierte Modelle für eine politische Einordnung gibt. Auch heute noch lässt sich das politische Meinungsbild auf mehreren Achsen/Dimensionen und durch viele verschiedene Theorien betrachten und kategorisieren. Das ist und war immer auch landes- und themenabhängig. Mein Punkt ist nicht, zu behaupten, dass es nur noch „links" und „rechts" im progressiven bzw. konservativen Sinne *gibt*, sondern dass wir a) im gängigen Diskurs *so denken* und b) *auf Basis dieser Wahrnehmung* die einzige Gemeinsamkeit jedes „Linken" und jedes „Rechten" die *Tendenz* zur Veränderung bzw. *Tendenz* zum Erhalt des Status quo ist.

Damit meine ich: In der Vergangenheit war es deutlich einfacher, einer Person, die „politisch links" oder „politisch rechts" ist, gewisse Werte, Ziele und Eigenschaften zuzuordnen. Ich könnte das Beispiel auch anhand der politischen Landschaft in Deutschland geben. Allerdings denke ich, dass dies den ein oder anderen Leser zu sehr vom eigentlichen Prinzip ablenken könnte, weil er mir inhaltlich nicht komplett zustimmt. Zum anderen ist folgendes Beispiel noch anschaulicher, weil in der fragwürdigen Entwicklung der gesellschaftlichen Spaltung deutlich fortgeschrittener: die Vereinigten Staaten von Amerika, ein Land mit de facto Zweiparteiensystem und einer entsprechend dichotomisch gespaltenen Gesellschaft.

In den USA war ein Rechter in der Vergangenheit *tendenziell* Republikaner, aus dem Süden, lebte ländlich, war Arbeiter, neigte zu Religiosität, stand für Waffen, gegen die gleichgeschlechtliche Ehe, gegen die Abtreibung und für die Todesstrafe. Ein Linker hingegen war *tendenziell* Demokrat, kam aus dem Norden, lebte urban, war Akademiker, neigte zum Atheismus, stand gegen Waffen, für die gleichgeschlechtliche Ehe, für das Recht auf Abtreibung und gegen die Todesstrafe. Ausnahmen bestätigen die Regel und erfassen als Etiketten natürlich nicht sämtliche Nuancen eines Individuums.

Diese stereotypen Vertreter für links und rechts gibt es selbstverständlich auch heute noch – und zwar nicht zu knapp. Aber es gibt zunehmend Menschen, die sich jahrzehntelang mit linken Werten und Zielen identifiziert haben, denen die rasante Entwicklung auf linker Seite aber zu weit greift. Umgekehrt gibt es Leute, die immer konservative Ansichten hatten, denen die nationalistischen Tendenzen im Sinne des trump'schen „America First!" aber nicht mehr geheuer sind.

In Deutschland hinken wir bei vielen kulturellen Entwicklungen im Vergleich zu den USA oft ein paar Jahre hinterher. Doch das Gefühl, dass wir mit Siebenmeilenstiefeln aufholen, ist sowohl einer der Hauptgründe, dieses Buch zu schreiben, als auch, so würde ich annehmen, dieses Buch zu lesen. Die Entwicklung, alles gedanklich nur noch in zwei Seiten einteilen zu können, beruht auf der Weltsicht beider extremen Lager.

1. Eine extreme und laute Linke, die mit aller Macht gesellschaftlichen Wandel erzielen will. Auf die Fahnen hat man sich „Gerechtigkeit" geschrieben, koste es, was es wolle. Und wer hier nicht komplett mitzieht, muss „rechts" sein.
2. Eine extreme und laute Rechte, die mit aller Macht gesellschaftlichen Wandel verhindern will. Auf die Fahnen hat man sich „Tradition" geschrieben, koste es, was es wolle. Und wer hier nicht komplett mitzieht, muss „links" sein.

Beide Gruppen schaukeln sich in ihrem reaktionären Ping-Pong-Spiel immer weiter hoch. Sie treiben sich zu neuen Tiefstleistungen an – immer vor dem Hintergrund der Rechtfertigung, die immer extremer agierende Gegenseite stärker und rücksichtsloser bekämpfen zu müssen. Dazwischen befindet sich die dritte Gruppe: eine große Mehrheit, die, abhängig vom Thema, mal eher progressiven und mal eher konservativen Positionen zugeneigt ist. Positionen werden selten lautstark vertreten, weil man sich zwar eher progressiv/konservativ sieht, sich aber nicht über ein spezifisches Thema als zugehörig zu Gruppe 1 oder 2 etikettieren lassen möchte – weil man sich mit diesem vereinfachten Etikett nicht identifiziert. Es wird vonseiten 1 und 2 provoziert, polarisiert, gespalten und mit aller Macht am Fundament der Gesellschaft gezerrt, welches so langsam unter der dritten Gruppe wegbröckelt und zu bersten droht.

Obwohl es an den extremen Rändern nur eine geringe Zahl aktiver Aktivisten gibt, führt diese binäre Konstellation im wütenden Kulturkampf dazu, dass plötzlich jeder zum Akteur wird, ob man will oder nicht. Jeder ist davon betroffen, sei es durch Medien, im Beruf oder persönlich. Es erzeugt den Eindruck, man müsse sich auf eine Seite schlagen, um nicht mit der zerbrechenden Mitte der Gesellschaft unterzugehen. Dabei gibt es eine andere Möglichkeit: Die Schweigespirale der Mitte muss durchbrochen werden, sodass nicht mehr laute Minderheiten den Diskurs dominieren, sondern eine vernünftige Mehrheit, die prinzipiell in jedem Themengebiet kompromissfähig ist. Denn ein Kompromiss zwischen beiden Lagern scheint nicht möglich.

Um begreifen zu können, warum das so ist, muss man verstehen, was beide Lager im Kern wollen. Und weil diese Interessen von absurd bis ekelhaft und gefährlich reichen, tut sich das fast niemand an. Wer aber weit genug in die Untiefen des Internets vorstößt, findet doch erstaunlich schnell die relevanten Player der Linksradikalen und Rechtspopulisten, von denen der Übergang zu rechtsradikalem und neo-nazistischem Denken teilweise fließend ist – zumindest wenn man sich die Kommentarspalten unter diesen Videos anschaut, sind die Berührungspunkte nicht zu verhehlen. Wer lange genug zuhört, versteht die Kernängste beider Seiten, die individuell unterschiedlich ausfallen, im Kern aber ungefähr wie folgt lauten:

Die **Kernangst der Rechten** ist die Vorstellung einer linken Verschwörung, die in ihren akademischen Think-Tanks hauptsächlich an der Geschlechterauflösung arbeiten, um die deutsche Geburtenrate weiter zu reduzieren und durch Masseneinwanderung und Islamisierung das deutsche Volk zu überfluten und mitsamt seiner Kultur auszulöschen. Dieses Narrativ, das zumindest vom extrem rechten äußeren Flügel der AfD zumindest in Teilen ebenfalls perpetuiert wird, verbreiten rechte Influencer über soziale Medien. Diese Überzeugung des nahenden Bevölkerungsaustauschs ist ein Dogma rechter Bewegungen, genau wie ein Flat-Earther von der Flachheit der Erde ausgeht und sämtliche Informationen nach diesem Glaubenssatz beurteilt und auswertet.

Wer darüber hinaus überzeugt ist, dass die „deutsche Rasse und die deutsche Kultur", was auch immer das genau sein soll, anderen Ethnien und Kulturen überlegen ist, muss logisch zwingend panisch werden und sich weiter radikalisieren, um das zu stoppen. Neo-Nazis vertreten auch diese Ansicht dogmatisch, ganz in Tradition ihrer Vorbilder aus der NS-Zeit. Unter diesen Leuten sind verschiedene Pläne zur „Remigration" populär und es ist erklärtes Ziel, diese Überlegungen dem Otto-Normal-AfD-Wähler schmackhaft zu machen. Je radikaler und menschenfeindlicher diese Pläne ausfallen, desto weniger häufig zeigen sich die Protagonisten mit ihrem Gesicht in der Kamera. Aus gutem Grund, schließlich bewegt man sich hier im möglicherweise strafrechtlich relevanten Bereich.

Die **Kernangst von Linken** ist die Vorstellung, dass jemand aus Dummheit, Bösartigkeit oder Ignoranz faktische Unterschiede zwischen Menschen als Grund und Rechtfertigung verwendet, die Norm-Abweichler zu unterdrücken. Aus diesem Grund ordnen sie Menschen strikt in identitätspolitische Kategorien ein und unterscheiden, genau wie es jeder Sexist und Rassist machen würde, konsequent nach Geschlecht und Hautfarbe.

Aus der panischen Angst, dass Fakten verzerrt, Narrative erfunden und als Waffe gegen Andersdenkende verwendet werden können, verzerren sie Fakten und erfinden Narrative, um sie als Waffe gegen Andersdenkende einzusetzen. Und wer sich dagegen ausspricht, wird versucht, durch Cancel-Culture mundtot gemacht zu werden.

Kritiker werfen den Linken (und den damit assoziierten „Mainstream-Medien") beispielsweise vor, entweder intransparent und unausgewogen zu berichten oder gar Informationen zu verfälschen oder zumindest zu beschönigen. Beispielsweise beim Thema Kriminalität lautet der Vorwurf, der Ausländeranteil in Kriminalstatistiken würde bewusst falsch interpretiert oder die Datenerfassung würde gezielt nach dem Ziel erfolgen, ein positiv verzerrtes Bild der Realität zeigen zu können.

In welchem Maß das tatsächlich der Fall oder nicht der Fall ist, vermag ich nicht zu beurteilen. Ein generelles Bemühen, das Thema nicht zu befeuern, um keinen Ausländerhass zu fördern, ist aber offensichtlich. Wokies tun so, als gäbe es keine kriminellen Migranten bzw. nur kriminelle Einzelfälle. Sie lügen, um Rassisten keine zusätzliche Munition zu geben, verprellen damit aber die Mitte der Gesellschaft, weil offensichtlich ist, dass das nicht den Fakten entspricht.

Rechte wiederum lügen ebenfalls, indem sie so tun, als gäbe es überproportional viele Kriminelle mit Migrationshintergrund – zumindest so überproportional viele, dass sie dadurch auf eine Überlegenheit der „Deutschen" und/oder auf eine „Integrationsunfähigkeit" mancher/aller Migranten schließen. Sie nutzen gezielt Einzelfälle, um diesen Punkt und dieses Denken populär zu machen. Sie lügen, um normale Menschen zu radikalisieren. Wer sich solcher Indoktrination ständig aussetzt, läuft Gefahr, von einer völlig legitimen Anfangsposition, beispielsweise kriminelle Asylbewerber in bestimmten Fällen abzuschieben, irgendwann bei genereller Deportation aller „Ausländer" zu landen.

Die einen sind überzeugt, dass „das deutsche Volk" ausgetauscht wird und deswegen alle (oder sehr viele) Ausländer das Land verlassen sollten. Ihnen ist jedes Mittel recht, um genug Hass in der Bevölkerung gegen Migranten zu schüren, dass diese Position Unterstützung in der gesellschaftlichen Mitte findet. Die anderen sind überzeugt, dass wir durch unsere patriarchale und kolonialistische gesellschaftliche Prägung allesamt tief im Innern Rassisten, Sexisten etc. sind und erzogen werden müssen – koste es, was es wolle.

Diese beiden Parteien können a priori keinen Kompromiss finden. Deshalb bleibt es am Rest der Bevölkerung, diesen notwendigen und schwierigen Dialog zur Migrationspolitik zu führen. Wir dürfen den radikalen Lügnern nicht das Feld überlassen, sondern müssen es selbst lösen. Nur so haben wir die Chance, ein gesundes Maß zu finden zwischen mehr Integrationsbemühungen auf der einen und konsequenterem Handeln auf der anderen Seite.

3. Was wir uns merken sollten

Heute wird niemand mehr zwingend als „links" wahrgenommen, weil er sich für die Arbeiterklasse und gegen den Kapitalismus einsetzt – obwohl dies den entscheidenden Parameter des Sozialismus darstellt. In der heutigen Wahrnehmung ist man damit eher verknüpft, wenn man für die Wärmepumpe ist, vegan lebt und die Ehe für alle will. Für Rechte gilt das dann schon als mindestens links-grün versifft, vielleicht ist man sogar ein abgehobener Akademiker, der in seinem Sidequest as woker Social Justice Warrior den kleinen Mann nicht mehr versteht.

Früher waren gerade im akademischen, gutbürgerlichen bis aristokratischen Milieu eher die Konservativen angesiedelt und dementsprechend eher politisch rechts der Mitte. Heute lässt sich diese direkte Verbindung zwischen diesen Merkmalen und „rechts" kaum mehr ziehen. Wer heute hingegen nicht gendert, wer von zwei Geschlechtern spricht und Angst vor der Cancel-Culture hat, ist auf jeden Fall rechts, mindestens Querfrontler oder schon Rechtspopulist, vielleicht sogar ein Neo-Nazi.

Die inflationäre Verwendung der Begriffe „links" und „rechts" hat unser politisches Sichtfeld so stark verengt, dass wir kaum mehr andere Faktoren als relevant erachten. Und nicht nur das, die Begriffe haben fast komplett ihre Bedeutung verloren. Alles, wofür diese Begriffe aktuell noch stehen, ist progressiv, also fortschrittlich, oder konservativ, also bewahrend. Diese beiden gegensätzlichen Pole sind in sich gut und absolut wichtig für eine funktionierende Gesellschaft. Wir müssen aushandeln, was und wie viel wir wie schnell und wie massiv verändern möchten – und umgekehrt, was wir in welcher Form behalten oder nicht ändern möchten.

Dass sowohl Links- als auch Rechtsextreme der Meinung sind, komplett im Recht zu sein und jeweils die Pauschalantwort (so gut wie alles/nichts zu verändern) parat zu haben, ist leider keine plakative Vereinfachung meinerseits, sondern trauriges Abbild des jeweiligen Gedankenguts. Die Unvereinbarkeit beider Weltbilder auf praktisch jeder politischen Ebene führt zwangsläufig zu einer zunehmenden Radikalisierung gegenüber der Gegenseite, was zu Ende gedacht nur mit der Auslöschung des Feindes gelöst werden kann. Darin ist man sich wenigstens einig: Ob Propaganda, Gewalt oder Zensur – beiden Seiten ist im Kulturkampf jedes Mittel recht.

Ich adressiere hier proaktiv den potenziellen Vorwurf, beide Seiten dieses vereinfachten politischen Spektrums im Sinne der Hufeisentheorie gleichzusetzen. Die Hufeisentheorie besagt, dass sich die äußerste Linke und die äußerste Rechte einander hufeisenförmig annähern und sich damit jeweils näher sind als der politischen Mitte. Das impliziert auch, dass sich beide Lager ähneln, weil sie sich, was ihre Methoden angeht, aufeinander zubewegen. Soll heißen: Beide Lager tendieren zu autoritärem Denken, weil sie im Zuge ihrer Radikalisierung skrupelloser gegenüber der Gegenseite werden. Beispielsweise sind viele Linke klassischerweise Pazifisten, heutige Linksextreme rufen aber im Namen der Antifa zur Gewalt auf. Ein zentrales Prinzip wird also gern über den Haufen geworfen, solange es die vermeintlich Richtigen trifft.

Insoweit kann ich verstehen, weshalb die Hufeisentheorie für den unbedarften Beobachter ansprechend klingt. Ich halte die Hufeisentheorie aber für inkorrekt und würde diese Sichtweise mit folgender Argumentation vertreten: Es geht an keiner Stelle des Buches darum, fünfzig Prozent der Schuld nach links und fünfzig Prozent der Schuld nach rechts zu schieben. Es geht auch nicht darum, die Mitte (und mich als Teil davon) zur erleuchteten Mitte im Sinne eines radikalen Zentrismus zu inszenieren. Im Prinzip beantworte ich diesen möglichen Einwand auch im nächsten Kapitel VI. „Die goldene Mitte", ohne den Begriff „Hufeisentheorie" zu nennen: Die Denkweise „Zum Streiten gehören immer zwei" hat mich schon im Kindergarten geärgert. Das mag zwar stimmen, es heißt aber nicht automatisch, dass die Schuld auch gleichmäßig verteilt ist. Es heißt auch nicht, dass gute Ideen oder praktikable Lösungsansätze auf beiden Seiten gleich häufig vorhanden sind oder fehlen. Und auch ähnliche Methoden auf beiden Seiten sagen nicht automatisch etwas darüber aus, wie gerechtfertigt die Anwendung dieser Methoden ist.

All das gilt es konsequent zu hinterfragen und zu überprüfen. Wer meint, eine Pauschalantwort zu haben, ob von links, von rechts oder aus der Mitte, ist entweder einer Ideologie verfallen, arrogant, dumm oder all das zusammen. In den Kapiteln VII. „Das Selbstbestimmungs-Paradoxon" und

X. „Identitätspolitik" werde ich die Streitfragen Selbstidentifikation, Gendersprache, Cancel-Culture und kulturelle Aneignung exemplarisch aufgreifen und ausführlich beleuchten. Aber an dieser Stelle sei gesagt, dass ich persönlich beispielsweise die Cancel-Culture-Versuche von rechter Seite für deutlich schlechter begründet halte als von linker Seite. Denn zumindest in der Theorie möchten die „Linken" Akteure canceln, die Hassrede und Hetze verbreiten und damit schutzbedürftigen Minderheiten Schaden zufügen. „Rechte" möchten dagegen keine Ehe für alle, weil sie das „eklig" oder „unnatürlich" finden. Welcher Grundgedanke hier moralisch gesehen besser vertretbar ist, sollte selbsterklärend sein, aber ich sage es trotzdem: Es ist der linke! (Traurig, dass ich das ausschreiben muss, aber ich habe schon absurdere Interpretationen vonseiten linker Aktivisten gesehen, wenn es darum geht, eindeutig unproblematische Aussagen durch Dummheit oder Böswilligkeit bis ins Gegenteil zu verzerren.)

Die Krux der gut gemeinten linken Position liegt natürlich darin, festzustellen, ob die Zuschreibung und der erwartete Effekt korrekt sind. Gut gemeint ist nämlich nicht immer gut gemacht. Da insbesondere Internetaktivisten mit derartigen Vorwürfen so regelmäßig und so massiv über das Ziel hinausschießen, ist mehr denn je geboten, solche Fälle nüchtern und vernünftig zu untersuchen und absurde Positionen gegebenenfalls zu benennen und zu kritisieren.

Das heißt, wir müssen immer die wichtigen Fragen stellen, wenn derlei Vorwürfe im Raum stehen. Zum Beispiel: „Ist das *wirklich* Hass und Hetze? Schadet das *wirklich* den Betroffenen? Vertritt derjenige *wirklich* das ihm vorgeworfene Gedankengut?" Das sind schwierige Fragen, die manchmal mit Ja und manchmal mit Nein beantwortet werden müssen. Man weiß es aber erst, wenn man seine ideologischen Voranahmen ausblenden kann und sich die Mühe macht, dem anderen zuzuhören und miteinander zu sprechen.

VI. Die goldene Mitte

„Meet me in the middle", says the unjust man. You take a step towards him, he takes a step back.

(A. R. Moxon, US-amerikanischer Autor)

Die vielleicht gängigsten Kritikpunkte an mir als YouTuber BiasedSkeptic lauten, dass sich meine Augenbrauen zu stark bewegen und meine Stimme zu abgehackt klingt. Gleich dahinter folgt aber ganz sicher, „zu gemäßigt" zu sein. Dieser Vorwurf begegnet mir gleich auf mehreren Ebenen. Den einen bin ich nicht rechts genug, wenn ich mich zum Beispiel gegen das Gendern ausspreche, aber ein Verbot für schwachsinnig halte. Dazu habe ich mich in diesem Video geäußert:

https://www.youtube.com/watch?v=zQEIlHarLbA

Den anderen bin ich nicht links genug, wenn ich die AfD für unwählbar erkläre, ein Parteiverbot aber strikt ablehne. Dazu habe ich in diesem Video gesprochen:

https://www.youtube.com/watch?v=9W0t2lsJ4pc&t=457s

Ich müsse ein Team wählen, wurde mir schon oft direkt oder hinter vorgehaltener Hand nahegelegt.

Ich sehe das anders. Ich bin mir völlig bewusst, dass mein hohes Maß an Neutralität und Sachlichkeit, zumindest gemessen an den Standards auf Social Media, einer – wenn nicht der – gewichtigsten Gründe dafür ist, dass ich beim Schreiben dieses Buches nur knapp 33.000 Abonnenten habe und meinen Lebensunterhalt als Vollzeit-YouTuber gerade so bestreiten kann. Videos auf meinem Kanal geben einem nicht ständig diese gewisse Befriedigung der Selbstbestätigung, die viele Nutzer suchen und durch Algorithmen und Filterblasen gewohnt sind.

Meistens möchte man jemanden sehen, der einem genau das sagt, was man hören oder was man nicht hören möchte. Je nachdem, ob man gerade getriggert oder bestätigt werden möchte. Das fehlt bei mir, bis auf die obligatorischen Click-Bait-Titel und Thumbnails, die auf YouTube leider unumgänglich sind, gänzlich. Das ist aber nicht nur meine größte Schwäche, sondern auch meine größte Stärke: Ich bediene kein homogenes Publikum. Im Gegenteil. Ich werde von meinen größten Unterstützern (langjährige Abonnenten, die mich mitunter finanziell als Kanalmitglied oder via PayPal-Spenden supporten) regelmäßig kritisiert – wenn ich, aus deren Sicht, mal (wieder) daneben gelangt habe.

Das zeigt ganz eindeutig zwei Dinge: Ich bin erstens kein Vorbeter und zweitens besteht mein Publikum nicht aus Schafen, die mir artig folgen. Beides spricht für meine Authentizität und Integrität – gleichzeitig auch für die meines Stammpublikums. Dass sich viele regelmäßige YouTube-Nutzer lieber davon berieseln lassen möchten, was sie sowieso schon (meinen zu) wissen, liegt in der Natur des Menschen. Das Leben ist anstrengend genug, Konflikte gibt es sowieso zuhauf. Wieso sollte man sich in seiner Freizeit noch mit den eigenen Überzeugungen anlegen?

Ich bin überzeugt, dass man genau das tun muss, um weiterzukommen. Man muss die schwierigen Gespräche führen, die komplizierten Fragen stellen und die unbequemen Wahrheiten sichtbar machen. Mein Publikum besteht zu großen Teilen aus solchen Menschen, die das, wahrscheinlich nicht immer, aber zumindest ab und zu tun möchten. Nicht umsonst wird mir oft beschieden, dass den Leuten erst mitten im oder gegen Ende des Videos klar wird, ob ich jetzt für oder gegen etwas argumentiere.

Eine solche Grundneutralität oder Unaufgeregtheit hat aber noch einen weiteren Effekt: Mir wird häufig – vor allem in rechts- oder linksextremen Kreisen des Internets – vorgeworfen, ich wäre radikaler Zentrist, windiger Querfrontler oder würde mich gar für die „erleuchtete Mitte" halten.

1. Begriffserklärung

Der „Fehlschluss der goldenen Mitte" (lat. argumentum ad temperantiam) beschreibt die fehlerhafte Annahme, dass es ungefähr in der Mitte zwischen zwei Extrempositionen einen Kompromiss geben muss, der korrekt oder zumindest vernünftig ist. Diese Annahme kann selbstverständlich korrekt sein. Nehmen wir ein vernünftiges Beispiel: das Konzept der „Mesotes", das auf den berühmten antiken Philosophen Aristoteles zurückgeht.

Dabei geht es um ein ethisches Konzept der Mäßigung. Es beschreibt die Stellung der Tugend, die sich demnach zwischen zwei entgegengesetzten Lastern, dem Mangel und dem Übermaß, befinden soll. Zwischen Geiz und Verschwendung beispielsweise liegt demnach die Freigiebigkeit. Also nicht zu verschwenderisch, aber auch nicht zu „knickerig" zu sein, wie man bei uns Schwaben sagen würde. Oder das Beispiel der Tugend Mut: Diese beschreibt ein gesundes Mittelmaß zwischen rücksichtsloser Risikobereitschaft und übertriebener Vorsicht.

Bezogen auf viele andere Bereiche stellt sich diese Denkweise aber als logisch wackelig heraus. Wenn sich zwei Schüler über die Lösung der Matheaufgabe „Was ist zwei plus zwei?" streiten, der eine vier und der andere 22 sagt, dann ist die richtige Antwort nicht dreizehn, was der Mitte der Abweichung entspricht. Auch ist der Nachmittagshimmel nicht grün, weil ihn der eine richtigerweise als blau und der andere, aus welchen Gründen auch immer, als gelb beschreibt. Es gilt also abzuwägen, ob das Prinzip der goldenen Mitte greift oder nicht. Per se ist es ein gängiger informeller Fehlschluss und damit in der Regel eher ein Hinweis auf ein schlechtes Argument.

2. Die „erleuchtete Mitte" ist ein Mythos

Der Fehlschluss der goldenen Mitte zeigt uns, dass eine mittige oder gemäßigte Position, egal, zu welchem Thema, keinen Wert per se hat. Es ist weder automatisch gut noch automatisch schlecht. Jemanden also automatisch auf- oder abzuwerten, weil er – ganz generell oder auch bei einem speziellen Thema – eine gemäßigte Position vertritt, ist ein sogenanntes *non sequitur* – es folgt logisch nicht. Selbstverständlich kann es durchaus der Fall sein, dass eine gemäßigte Position, generell oder in konkreten Einzelfällen, richtig oder falsch ist. Das gilt auch für (extrem) links und rechts. Im Kontext gesellschaftlicher Diskussionen machen es sich, aus meiner Erfahrung, die meisten Menschen aber zu bequem in ihrem jeweiligen Lager.

Ob Leute extrem rechts oder extrem links stehen (generell oder auf eine bestimmte Thematik bezogen) oder ob Leute Zentristen (ebenfalls generell oder Thema-spezifisch) – sie alle begehen den Denkfehler, Menschen anderer Meinung als „zu (extrem) rechts", „zu (extrem) links" oder „zu gemäßigt" abzutun, wohingegen sich das eigene Lager ja permanent im korrekten Bereich bewegt. In allen Fällen basiert die Beurteilung des anderen Lagers aber kaum mehr auf argumentativer Ebene, sondern nur an der Zugehörigkeit zum eigenen Lager. Diskussionen werden nach der Formel geführt: „Du stehst für X, deswegen bist du zu links/rechts/gemäßigt."

Ich betrachte in meinen Videos viele Themen des wütenden Kulturkampfes von beiden Seiten und verzichte mitunter auch darauf, meine eigene Meinung oder Schlussfolgerung explizit zu machen. Dadurch entsteht teilweise der Eindruck, ich würde es mir „in der Mitte" bequem machen und alles Abweichende als „zu extrem" framen – und mich gleichzeitig als „die erleuchtete Mitte" inszenieren. Das ist, aus zwei Gründen, vollkommener Unsinn:

Erstens ist, wie oben beschrieben, die gängige Vorstellung der gemäßigten Position als „vernünftig" keine logische Konsequenz. Zweitens vertrete ich, wie die meisten Menschen, klare Positionen bezüglich konkreter Themen. Beispielsweise denke ich nicht, dass man zu fünfzig Prozent genderneutrale Sprache verwenden sollte. Ich halte es für ein hochgradig fehlerhaftes Werkzeug zur Erreichung von mehr sozialer Gerechtigkeit und die Aufwand-Ertrags-Rechnung in Kombination mit der überwiegenden Ablehnung durch unsere Gesellschaft sollte uns zum Schluss bringen, diesen Versuch einzustampfen.

Wen mein Standpunkt dazu näher interessiert, kann sich diese beiden Videos von mir dazu anschauen:

https://www.youtube.com/watch?v=y6CfxAtK9y8&t=554s

https://www.youtube.com/watch?v=JBhNQKFmStw&t=690s

Mitglieder der extremen Linken verorten mich aufgrund dieser Aussage sicher automatisch nach „rechts", denn a) verwende ich hier einen „rechten Talking-Point" und b) ist alles, was in irgendeiner Form „gegen soziale Gerechtigkeit" geht, „rechts". Kritiker, denen die Engstirnigkeit der eigenen Bubble noch nicht im negativen Sinne zu Kopf gestiegen ist, würden in meiner Position aber lediglich erkennen, dass ich das Werkzeug kritisiere, nicht das Ziel der sozialen Gerechtigkeit als solches. Dass soziale Gerechtigkeit unser aller Ziel sein, dabei aber jede Maßnahme kontinuierlich auf dem Prüfstand stehen sollte, müsste eigentlich der Standard jeder Diskussion mündiger Menschen sein.

Dass ich umgekehrt aber auch strikt dagegen bin, „Gendern" zu verbieten, stößt Teilen konservativer bis rechter Gesellschaftsströmungen ebenso bitter auf. In beiden Fällen beruht meine Position aber auf dem für mich übergeordneten Prinzip der freien Meinungsäußerung, die aus meiner Sicht idealerweise ohne jegliche Zensur oder künstliche Eingriffe auskommen sollte.

Auch hierzu gibt es ein Video meinerseits:

https://www.youtube.com/watch?v=44dq-RUFukE

Jedenfalls suhle ich mich nicht in der Illusion, dadurch gemäßigt und automatisch vernünftig zu sein. Ich empfehle jedem Leser dringend, diese Denkweise in Schubladen und nach Lagern und die damit einhergehenden automatischen Rückschlüsse hinsichtlich Wertigkeit der Meinung eines jeweiligen Vertreters aufzugeben. Frei nach Kierkegaard: Wer etikettiert, negiert.

Im Klartext: Keine Position ist automatisch richtig oder falsch, weil sie vom einen oder vom anderen „Lager" vertreten wird. Wenn jemand seine Meinung als der Weisheit letzten Schluss präsentiert, eben *weil* sie gemäßigt ist, sehe ich Vorsicht geboten. Am Ende sollten nur die Argumente zählen. Und gute Argumente finden sich in jeder (!) Abstufung des gesamten politischen Spektrums. Anzunehmen, hier gäbe es – rein logisch oder von der Wahrscheinlichkeit her – eine Gleichverteilung, ist aber ebenso ein Trugschluss. Die Schwierigkeit liegt, wie immer, darin, jedes Argument isoliert zu betrachten und genau herauszufinden, warum welches Argument gut ist oder nicht.

3. Was wir uns merken sollten

Das größte Problem, das ich bei anderen YouTubern und Streamern beobachte, ist das, was ich als „Zuschauerbefriedigung" bezeichne. Ich würde sogar so weit gehen, dass dieses Phänomen genauso auf Politiker, Journalisten und alle Personen des öffentlichen Lebens zutrifft. Das mag stimmen oder nicht, aber zumindest im Bereich YouTube würde ich jede Wette eingehen, dass eine differenzierte Kommunikation mit dem eigenen Publikum nicht mehr möglich ist bzw. man einen erheblichen Preis dafür zahlt: Man generiert keine blinden Follower.

Ob sie es zugeben oder nicht, für jede Person des öffentlichen Lebens ist das Beste, was ihr passieren kann, „Fans" zu haben. Je begeisterter, desto besser. Zumindest wenn es darum geht, möglichst viel Zustimmung zu erhalten oder einfach alles verkaufen zu können (faktisch oder im übertragenen Sinne), geht nichts über einen ergebenen Fan, der keine Fragen stellt und dir die Scheiße buchstäblich aus den Händen reißt.

Ab einem gewissen Punkt des Erfolgs stellt sich für jeden die Frage: Bleibe ich mir und meinen Idealen treu oder verkaufe ich mich? All das kann in verschiedenen Abstufungen stattfinden, es gibt hier nicht nur Entweder-Oder. Aber Bands und Regisseure beispielsweise müssen sich zwischen Major- oder Independent-Labels entscheiden. Ein Politiker zwischen Bundestag oder Gemeinderat. Unbetroffen davon sind Genies und Jahrhundert-Phänomene, die gleichzeitig absolut authentisch und massenkompatibel bleiben konnten. Für die 99,9 Prozent der Normalsterblichen unter uns gilt aber folgende Faustregel: Je mehr Menschen ich ansprechen will, desto mehr Kompromisse muss ich eingehen.

Aber worauf will ich hinaus? Ich als YouTuber habe mich bisher dafür entschieden, unabhängig zu bleiben und entsprechend langsam zu wachsen. Von den Followern, mit denen ich hin und wieder im Austausch stehe, gibt es keinen, der mich noch nie kritisiert hat. Weil ich eben davon absehe, der „Zuschauerbefriedigung" nachzugeben. Einfach das geben, was am besten läuft. Immer und immer wieder.

Leider verlangt alles danach: die menschliche Psyche, die sich meistens davon berieseln lassen möchte, was sie sowieso schon meint zu wissen, und gleichermaßen der Algorithmus, der jeden Creator kategorisieren möchte, damit er effizienter und zielgerichteter an ein größeres Publikum ausgespielt werden kann.

Diese ungemein starken Treiber wirken logischerweise aber nicht nur auf den Meinungsbildner ein, sondern auch auf sein Publikum. Sender und Empfänger werden simplifizierter, homogener und deutlicher zu unterscheiden von der Gegenseite. Und für alle Beteiligten entsteht der Eindruck einer riesigen Spaltung, obwohl ein großer Anteil davon künstlich durch die Zuschauerbefriedigung erzeugt wird: Teile deines Publikums stehen nicht auf Gendern? Gib ihnen mehr Videos davon. Sei am besten das nächste Mal noch ablehnender! Welche Themen sind noch damit verwandt und werden wahrscheinlich ebenfalls positiv aufgenommen? Gib ihnen dazu auch Videos. Je extremer und häufiger, desto besser.

Die Kongruenz dieses Schemas zur Denkweise von Kulturschaffenden oder Politikern ist aus meiner Sicht offensichtlich. Der zentrale Erkenntnisgewinn aus diesem Exkurs ist deswegen nur allzu simpel: Wenn dir ein Meinungsbildner (Politiker, Journalist, Creator), ob rechts, links oder mittig positioniert, das Gefühl gibt, ihr hättet beide immer und bei jedem Thema recht, dann ist die Wahrscheinlichkeit groß, dass du dich in einer absurden Situation der simultanen Fremd- und Selbstbefriedigung befindest.

Was nach einer intellektuellen Orgie klingt, ist in Wahrheit höchstwahrscheinlich ein toxisches Verhältnis zwischen Sender und Empfänger, das in eine Spirale aus konstanter gegenseitiger Bestätigung führt, und dieser positive Feedback-Loop gipfelt im Höhepunkt kollektiver Ignoranz und Blindheit – gegenüber potenziellen Schwächen der eigenen Position als auch möglicher Stärken gegenläufiger Argumentation gleichermaßen. Ab diesem Punkt noch aus der Illusion zu entkommen, Teil der „erleuchteten Mitte/Rechten/Linken" zu sein, ist beinahe aussichtslos.

VII. Das Selbstbestimmungs-Paradoxon

„They were careless people, Tom and Daisy –
they smashed up things and creatures and then
retreated back into their money or their vast carelessness,
or whatever it was that kept them together,
and let other people clean up the mess they had made …"

(F. Scott Fitzgerald, US-amerikanischer Schriftsteller, 1896 – 1940)

Ich habe bereits im Prolog dieses Buches erklärt, weshalb ich auf Fußnoten, ein Literaturverzeichnis und offizielle Definitionen verzichte. Ich bin mir sicher, eine Kritik zu diesem Buch wird genau hier ansetzen und lauten, ich würde einige Begriffe „falsch" verwenden oder wichtige Definitionen schuldig bleiben. Deshalb nochmals ausdrücklich an dieser Stelle:

Ich verwende Begriffe so, wie ich sie verstehe, anstatt mich auf festgelegte Definitionen zu stützen. Oft verliert man sich in Definitionskriegen, ohne den eigentlichen Gedanken des Gegenübers auf den Grund zu gehen. Das möchte ich vermeiden. Man soll mein Denken verstehen und keine Interpretationsspielchen beginnen. Wörter und Begriffe sind nicht immer statisch festgelegt; sie ändern sich über die Zeit und je nach Kontext.

Natürlich hat nicht jedes Wort eine beliebige Bedeutung. Ich kann nicht einfach behaupten, „Ja" bedeute plötzlich „Nein". Aber die Bedeutungen von Worten verschiebt sich mit der Zeit. Beispielsweise verstand man im Alt- und Mittelhochdeutschen unter einer „Magd" eine junge, unverheiratete Frau. Heutzutage bezeichnet das Wort eine weibliche Hilfskraft.

Einwände wie „Aber X bedeutet eigentlich Y", wenn ich irgendwo erkläre, was ich unter X verstehe, demonstrieren lediglich die Unfähigkeit, den Sinn dieses Buches zu verstehen. Die Deutungshoheit über die Bedeutung meiner Worte und Ideen liegt bei mir, dem Autor. Meine Aufgabe ist es, meine Ansichten so verständlich wie möglich zu formulieren. Wenn ich beispielsweise sage, dass ich für die gleichgeschlechtliche Ehe bin, dann meine ich damit, dass jeder Mensch das Recht auf die Eheschließung haben sollte – und daran ändert sich auch nichts, wenn es irgendwann LGBTQIA+-Ehe heißen sollte, weil der Begriff angeblich noch inkludierender ist.

Dieses Buch stellt also, was Definitionen und Begriffe angeht, einen selbstreferentiellen Rahmen dar. Nicht zum Selbstzweck, sondern um sicherzustellen, dass das Buch für sich spricht und eigenständig funktioniert – unabhängig vom Lesezeitpunkt.

1. Begriffserklärung

In diesem Kapitel geht es nicht um das Selbstbestimmungsgesetz der Bundesregierung, obwohl ich es auch als Beispiel heranziehe. Mit dem Begriff „Selbstbestimmungs-Paradoxon" meine ich den Widerspruch, dass sowohl „Linke" als auch „Rechte" (siehe Kapitel V. „Links & Rechts") je nach Thema unterschiedlich damit umgehen. In manchen Fällen wird darauf beharrt, die Identifikation läge bei der Person selbst, in anderen Fällen vertritt man die Position, dass eine Fremdzuschreibung gültig ist.

2. Kein wahrer Schotte

In einer faszinierenden Podiumsdiskussion spricht Jordan Peterson dem selbsterklärten Atheisten Matt Dillahunty diese Selbstbeschreibung ab. Peterson meint, Dillahunty sei kein wahrer Atheist, denn ein echter Atheist wäre wie die Romanfigur Raskolnikow aus Dostojewskis Meisterwerk „Schuld und Sühne": ein Mensch, der ohne den moralischen Kompass Gott zum kaltblütigen Mörder wird.

Dillahunty entspricht nicht Petersons Vorstellung bzw. Definition eines Atheisten. Dillahunty argumentiert, aus meiner Sicht überzeugend, dass ihm selbst weder in seiner Vergangenheit als Gläubiger, geschweige denn jetzt als überzeugter Atheist, zusteht, jemandem das Christsein abzusprechen. Umgekehrt bedeutet das, Peterson stünde nicht zu, ihm das Label „Atheist" abzusprechen. Indem er das tut, begeht Peterson den informellen „Kein wahrer Schotte"-Fehlschluss.

Dieser tritt auf, wenn jemand versucht, eine Definition so anzupassen, dass sie unbequeme Ausnahmen ausschließt. Ein klassisches Beispiel ist die Aussage: „Alle Schotten lieben Whiskey", woraufhin jemand entgegnet: „Aber mein Freund Ewan ist Schotte und trinkt keinen Whisky." Dann könnte die ursprüngliche Person sagen: „Nun, dann ist Ewan eben kein wahrer Schotte." Der Fehlschluss besteht darin, eine Definition so zu verändern, dass sie jede mögliche Gegenposition ausschließt, anstatt die Gültigkeit der ursprünglichen Aussage zu überprüfen.

Der beschriebene Disput demonstriert wunderbar, wann eine Fremdzuschreibung ungültig ist. Das heißt aber nicht, dass die Selbstzuschreibung stets der Fremdbeschreibung vorzuziehen ist. Denken wir an Adolf Hitler, dessen Selbstbild als Held des deutschen Volkes offensichtlich zu Recht durch unser Fremdbild eines bösartigen Völkermörders ausgehebelt wird. Nun behaupte ich nicht, die Antwort auf die schwierige Frage zu haben, wem es generell eher zusteht, eine Person zu labeln: der Person selbst oder jemand anderem.

Der Punkt, auf den ich hinausmöchte, ist die Inkonsequenz der heutigen Gesellschaft. „Die Linken" pochen beim Beispiel des Selbstbestimmungsgesetzes darauf, Transpersonen ihre Geschlechtsidentität selbst bestimmen zu lassen. Dem widersprechen „die Rechten" in der Regel und akzeptieren den Slogan „Transfrauen sind Frauen" nicht. Sie beanspruchen die Deutungshoheit über das Geschlecht einer anderen Person für sich.

Umgekehrt werden selbst ernannte „(Rechts-)Konservative" fuchsteufelswild, wenn sie nach Formulierungen im Höcke-Duktus als „(Neo-)Nazis" bezeichnet werden, und berufen sich auf ihr Recht zur Selbstidentifikation. Der Kreislauf dieser gesellschaftlichen Doppelmoral schließt sich dann bei vielen „Linken", für die es selbstverständlich ist, jeden Wähler rechts der SPD als „rechts" oder gar „(Neo-)Nazi" zu identifizieren. Ihnen ist es dabei ganz egal, wie oft sich dieser gebrandmarkte Wähler von

Rechtsextremismus distanziert, um sich umgekehrt aber über die Fremdzuschreibung als „Wokie" zu pikieren.

Das Spannungsfeld zwischen unserer urmenschlichen Neigung, sowohl Dinge als auch andere Menschen zu kategorisieren, um die Welt für uns greifbar zu machen, und unserer Überzeugung, als Individuen selbst in keine solcher Schubladen zu passen, ist eines der unauflöslichen Dilemmata des Menschseins. Problematisch wird das spätestens dann, wenn wir auf dieser Basis Rechte für uns beanspruchen, die wir anderen verwehren.

Damit meine ich, dass wir alle in irgendeiner Weise Teil von Gruppen sind, uns aber immer noch als außergewöhnliches Individuum begreifen, welches nicht alle Charakteristika dieser Gruppe übernimmt. Einzelne Bestandteile (d. h. einzelne Menschen) unserer Gruppe kennen wir zudem so gut, dass wir auch sie bis zu einem gewissen Grad als Individuen sehen und auch so behandeln. Auf der Gegenseite erkennen wir aber keine Individuen mehr, nur einen homogenen Klumpen des kleinsten gemeinsamen Nenners dieser Gruppe. Und da uns dieser Nenner absolut nicht zusagt (sonst wären wir ja nicht in der anderen Gruppe), ist uns auch egal, wenn den einzelnen Teilen dieser Gruppe (d. h. einzelnen Menschen) etwas widerfährt, was wir den anderen Individuen innerhalb unserer Gruppe nicht und uns selbst schon gar nicht wünschen würden.

In diesem Sinne sind wir alle hin und wieder die Toms und Daisys aus dem Eingangszitat zu diesem Kapitel. In F. Scott Fitzgeralds Roman „Der große Gatsby" repräsentieren Tom und Daisy Buchanan primär die wohlhabende Oberschicht, die sich durch Reichtum und Privilegien definiert. Aufgrund dessen haben ihre Handlungen für sie selbst keine negativen Konsequenzen – für andere dafür umso mehr. Der Roman wäre aber kein zeitloser Klassiker, wenn es auf dieser offensichtlichen Ebene bliebe. Durch den Zusatz „oder was auch immer es war, das sie zusammenhielt" können wir das Verhalten auch auf andere Menschen und deren Rückzug in die eigene Ingroup übertragen.

Unabhängig davon, welches Privileg eine Gruppe genießt oder welche Eigenschaft sie teilt, sei es Geld, Wissen, Moral, der richtige Vereinsschal im Stadion oder die korrekte Meinung zur Gendersprache, eines ist sicher: Was Menschen (ganz weit) außerhalb dieser Gruppe passiert, ist (fast) egal, es trifft ja die Richtigen. Cancel-Culture, Verleumdung, Beleidigungen, Hass bis hin zur Gewalt – all das sind Dinge, die wir gegen uns gerichtet zu Recht niemals akzeptieren würden. Gleichzeitig sprechen wir der Gegenseite dasselbe Privileg ab, weil wir uns entweder sicher sind, dass sie es aus irgendeinem Grund verwirkt haben, oder weil wir die Gegenseite so lange als gesichtslose, homogene Masse entmenschlicht haben, bis es uns schlichtweg egal ist.

Sicherlich würden beide Seiten versuchen, sich dieser Vorwürfe zu erwehren. Doch auch das zeigt wiederum nur eine weitere Ebene des Selbstbestimmungsparadoxons. Die AfD und ihre Anhänger werden beispielsweise oft als „(Neo-)Nazis" abgestempelt, was als Totschlagargument verwendet wird, um ihre Positionen ohne weitere Diskussion zu diskreditieren. Doch das ist ein informeller Fehlschluss, da die bloße Zuschreibung nicht ausreicht, um jemanden oder dessen Argumente als ungültig zu erklären.

Dabei wird eine eine Meinung diskreditiert, weil sie von einer moralisch fragwürdigen – oder im Fall von Adolf Hitler moralisch überhaupt nicht tragbaren – Person vertreten wird. Dass das nicht logisch schlüssig ist, lässt sich leicht zeigen. Denn zum Beispiel hat Hitler Hunde als Haustiere gehalten. Daraus abzuleiten, dass Hunde oder Haustiere schlecht sind, ist ein Fehlschluss. Es handelt sich hier genauer gesagt also um einen Assoziations-Fehlschluss.

Den gleichen Mechanismus vermuten AfD-Politiker hinter den Anschuldigungen, sie seien „(Neo-)Nazis". Damit haben sie teilweise auch einen Punkt. Denn diese Zuschreibung birgt zwei Probleme:

1. Allein die Zuschreibung reicht nicht, der Vorwurf kann nicht automatisch das Urteil sein. Es muss erst bewiesen werden, ob und warum jemand ein „(Neo-)Nazi" ist.
2. Selbst wenn dieses Label zutrifft, sind die Argumente und Positionen dieser Person nicht automatisch schlecht oder falsch.

Aber Achtung! Dieser Fehlschluss wird oft missverstanden und als niemals gültig betrachtet. Es gilt zu bewerten, ob die Assoziation zwischen Person und Thema relevant ist. Natürlich ergibt es keinen Sinn, keine Hunde zu halten, nur weil Hitler das auch gemacht hat. Ich kann Hitler nicht beim

Thema Hundehaltung diskreditieren, nur weil er Hitler war. Entsprechend kann ein „(Neo-)Nazi" auch politisch valide Punkte vertreten.

Das hat aber Grenzen. Wenn Hitler zum Beispiel dafür herangezogen wird, über den Umgang mit anderen Völkern zu sprechen, zieht das Argument selbstverständlich, weil er sich in diesem Bereich nachhaltig disqualifiziert hat und deswegen ein geeignetes Beispiel ist. Das heißt: Nicht jede Assoziation ist direkt ein schlechtes Argument.

Auch wenn der größte Teil der AfD-Wähler mit solcherlei Gedankengut nichts zu tun hat, gibt es meiner Meinung nach definitiv Politiker und Wähler, die man als „(Neo-)Nazis" bezeichnen könnte. Diese Leute verstecken sich regelmäßig hinter dem, was ich als „Nazischild" bezeichne: Sie wehren Kritik ab, indem sie behaupten, diese Kritik sei unfair und eine Verallgemeinerung – ähnlich dem Vorwurf, jemand sei ein „(Neo-)Nazi". Sie tun so, als wäre der Vorwurf automatisch nicht ernstzunehmen, weil die „Nazikeule" ja für alles ausgepackt wird.

Das gleiche Muster sieht man auch auf der Gegenseite: Beispielsweise stellen manche Leute der rechten Seite oft die Glaubwürdigkeit von wissenschaftlichen Studien oder öffentlich-rechtlichen Medien infrage. Meist steckt dahinter ein grundsätzliches Misstrauen gegen staatliche oder staatlich finanzierte Institutionen. Das führt sogar so weit, dass ich als völlig unabhängiger YouTuber Opfer von Verschwörungstheorien werde. Ich sei von der Regierung „gekauft" oder „Teil von Funk" (das Online-Netzwerk der ARD und des ZDF). Es wird sich nicht einmal die Mühe gemacht, in mein Impressum zu schauen, wo die Unabhängigkeit leicht erkennbar wäre. Für solche Leute scheint jegliche Kritik an „rechten" Parteien, Politikern oder Akteuren, die sie gut finden und unterstützen, nur so zu erklären sein. Funktional unterscheidet sich das rein gar nicht von der „Nazikeule".

Umgekehrt verstecken sich auch linke Akteure regelmäßig dahinter. Kommt berechtigte Kritik an öffentlich-rechtlichen Formaten zutage, ist es einfach, diese als grundlose Pauschalkritik von „rechts" abzutun. Du folgst nicht jedem öffentlichen Narrativ? Dann bist du ein Querdenker. Du bist gegen eine nächtliche Ausgangssperre während der Pandemie? Dann musst du ein Schwurbler sein. Wenn du die absolute Unfehlbarkeit staatlicher Institutionen hinterfragst – erinnern wir uns, auch die Watergate-Affäre begann als sogenannte Verschwörungstheorie –, wirst du oft vorschnell als Verschwörungstheoretiker eingestuft. Was das für den Diskurs bedeutet, betrachte ich im nächsten Kapitel VII. („Misstrauen") genauer.

3. Was wir uns merken sollten

Wir stecken mittendrin in einem Wirbelsturm aus Begriffen, die darauf abzielen, eine immer kompliziertere Welt erklärbar zu machen. Wir möchten Menschen mit Etiketten beschriften und wir möchten sie in sauber getrennte Schubladen packen. Das ist verständlich und sinnvoll, hat aber seine Grenzen. An diese stoßen wir, wenn wir vergessen, dass uns solche Maßnahmen allenfalls eine Hilfe sein können, für eine akkurate Darstellung der Welt aber am Ende unzureichend sind.

Selbst- und Fremdbeschreibungen bringen uns nur bedingt weiter. Wir müssen miteinander sprechen, um herauszufinden, was jemand wirklich denkt, wofür er steht und was er meint mit dem, was er sagt. Es ist ein Trugschluss zu glauben, wir würden alle dieselbe Sprache sprechen und könnten dadurch genau verstehen, was jemand meint, wenn wir ihm nur oberflächlich und wenig wohlwollend zuhören. Obwohl uns bewusst ist, dass wir Vorurteilen und Verallgemeinerungen entgehen sollten, tappen wir immer wieder in die gleiche Falle.

Wie kommt es dazu? Beides hat mit dem Intellekt zu tun. Entweder mit dem Mangel intellektueller Redlichkeit oder am fehlenden Intellekt selbst. Intellektuelle Redlichkeit bedeutet, ehrlich und aufrichtig in seinen intellektuellen Bemühungen zu sein, indem man nach Wahrheit strebt und sich nicht durch Voreingenommenheit oder unehrliche Argumentation täuschen lässt bzw. selbst täuscht. Wie wir aus Kapitel II. („Bias") wissen, können wir gar nicht vollkommen redlich sein. Das nimmt uns aber nicht aus der Verantwortung, daran so hart wie möglich zu arbeiten.

Mindestens genauso häufig fehlt es beteiligten Personen am notwendigen Intellekt. Das heißt nicht zwingend (aber manchmal leider auch), dass die Menschen zu dumm sind, derlei Dinge zu verstehen. Aus meiner Sicht ist bei den meisten Menschen genug Potenzial an Intelligenz vorhanden. Viel öfter scheitert es am fehlenden Intellekt, also Aspekten wie logischem Denken, Problemlösungsfähigkeiten, Kreativität, kritischem Denken sowie der Fähigkeit, Informationen zu verarbeiten und neue Erkenntnisse zu gewinnen. Ein erster Schritt zur intellektuellen Reife ist die Fähigkeit, Fehlschlüsse zu erkennen, siehe Kapitel III. „Fehlschlüsse", und sein kritisches Denken zu fördern, siehe Kapitel IV. „Skeptizismus & Kritisches Denken".

Die letzte Möglichkeit halte ich für zu vernachlässigen: die Boshaftigkeit. Natürlich, es gibt Menschen, die wirklich das verkörpern, was wir uns als Feindbild vorstellen, die, aus welchen Gründen auch immer, die Welt brennen sehen wollen. Bevor ich diese Schlussfolgerung zulasse, muss ich aber mehr als genug Belege dafür sammeln. Bis dahin empfehle ich jedem Leser die Anwendung von Hanlons Rasiermesser: „Schreibe nichts der Böswilligkeit zu, was durch Dummheit hinreichend erklärbar ist." Es ist eine Faustregel, die darauf hinweist, dass menschliches Verhalten oft eher auf Unwissenheit, Missverständnisse oder zufällige Umstände zurückzuführen ist, statt auf böse Absichten.

VIII. Misstrauen

„Nicht dass du mich belogst, sondern dass ich dir nicht mehr glaube, hat mich erschüttert."

(Friedrich Nietzsche, deutscher Philosoph, 1844 – 1900)

Das Fundament jeder guten Beziehung ist Vertrauen. Umgekehrt bedeutet das: Sobald das Vertrauen erodiert, ist die Beziehung schlecht oder gar nicht mehr vorhanden. Diese Erkenntnis wird kein vernünftiger Mensch bezweifeln, zumindest wenn es um die Beziehung zwischen Personen geht. Ich halte sie aber auch in jeder anderen Beziehung für gültig: zwischen Staat und Volk, zwischen Institutionen und Bürgern, zwischen Medien und Stammtisch, zwischen Labor und Werkbank – ganz egal, wie man zwischen Individuum und einer übergeordneten Struktur sowie deren unterschiedlichen Aufgaben und Ressourcen unterscheiden will.

Wie auch in der persönlichen Beziehung ist es ein schmaler Grat zwischen zu viel oder zu wenig Ver- und Misstrauen. Wer naiv alles glaubt, was ihm erzählt wird, läuft Gefahr, getäuscht und ausgenutzt zu werden. Wer hinter allem eine Lüge vermutet, verliert durch seine Paranoia den Kontakt zur realen Welt, weil er nicht mehr in der Lage ist, zwischen Fakt und Fiktion zu unterscheiden. Zur Realität gehört die Erkenntnis, dass nicht alles, aber einiges stimmt, was einem so erzählt wird – hier das richtige Maß an vernünftiger Gutgläubigkeit und gesunder Skepsis zu finden, ist die große Kunst.

Leider gibt es dafür keine Abkürzung und keine Pauschalregel. Die Lehren aus dem Kapitel VI. „Die goldene Mitte" gelten auch hier: Es ist nicht damit getan, die eine Hälfte an Geschichten und Erklärungen zu glauben und die andere Hälfte nicht zu glauben. Selbst wenn diese 50/50-Verteilung richtig wäre, wüssten wir ja immer noch nicht, ob wir die richtigen 50 % als Wahrheit akzeptieren und die falschen 50 % als Lüge zurückweisen. Das heißt, es bleibt anstrengend, denn es kommt auch in diesem Kontext stets auf den konkreten Einzelfall an.

1. Begriffserklärung

Auf die Gefahr hin, profan zu klingen: Mit Vertrauen meine ich das, was gemeinhin jeder darunter versteht: das Gefühl, sich auf etwas verlassen zu können. In diesem konkreten Kapitel beziehe ich das auf unsere Gesellschaft. Genauer gesagt auf das Zusammenspiel zwischen den Menschen, die in Deutschland leben, und den offiziellen Organen, die uns mit Informationen füttern. Dazu zähle ich die Politik (regierende und nicht regierende Parteien und Personen), Medien (Leitmedien und alternative Medien), die Industrie und wissenschaftliche Institutionen.

Mit all jenen führen wir eine mehr oder weniger intensive Beziehung. Im stetigen Austausch formen sie unser Weltbild und füllen die Informationslücken, die wir selbst nicht geschlossen bekommen. Das gilt zumindest für all die Quellen, denen wir vertrauen. Entfällt das Vertrauen, komplett oder partiell, wird die ursprüngliche Quelle in der Regel permanent substituiert – also so lange ersetzt, bis man eine Quelle gefunden hat, der man wieder, ganz oder teilweise, vertraut.

2. Ohne Vertrauen keine Sicherheit – ohne Misstrauen keine Erkenntnis

Zweifellos ist der Grad des Vertrauens eine individuelle Sache. Auch in persönlichen Beziehungen gibt es Menschen, die ihrem Umfeld viel oder gar maximales Vertrauen entgegenbringen, genauso wie es notorisch misstrauische Charaktere gibt. Beides kann durch vorausgegangene (positive oder negative) Erfahrungen rational begründet oder völlig irrational sein.

Das Spektrum reicht also von Menschen, die jede Information ohne den leisesten Zweifel als wahre Tatsache abspeichern, bis hin zu Personen, die sämtliches Vertrauen in irgendeine Obrigkeit und Autorität verloren haben. Für den zweiten Fall habe ich sogar ein konkretes Beispiel parat: die Reichsbürgerbewegung. Selbstverständlich gibt es auch innerhalb solcher Gruppierungen verschiedene Ansichten und Strömungen und deren exakte Ziele und Ansichten sollen hier nicht das Thema sein. Worauf ich hinauswill, ist das, was sie alle eint: Der kleinste gemeinsame Nenner ist die Ablehnung der Bundesrepublik Deutschland als legitimer und souveräner Staat.

Das andere Extrem ist deutlich schwieriger zu greifen. An dieser Stelle spekuliere ich hauptsächlich, aber aus meiner persönlichen Erfahrung gewinne ich den Eindruck, dass es so gut wie niemanden gibt, und definitiv keine eindeutig zuzuordnende Bewegung, die alles für bare Münze nimmt, was so an Informationen von offizieller Seite aus an sie herangetragen wird. So gut wie jedem ist klar, dass es Fehlinformationen gibt. Sei es aus Unwissenheit, Geheimhaltungsgründen oder zum „Schutz der Gesellschaft" – aber die Historie, eben belegt durch tatsächliche Verschwörungen, hat gezeigt, dass so etwas vorkommt.

Deshalb denke ich, dass die meisten Charaktere, die ein sehr hohes bis maximales Vertrauen in „die Obrigkeit" (offizielle Organe) haben, zwar in der Theorie ebenfalls teilweise skeptisch sind, in der Praxis aber den offiziellen Narrativen vollständig folgen, weil sie einen paternalistischen Ansatz verfolgen und unterstützen. Damit meine ich ihre Überzeugung, den Otto Normalverbraucher vor seiner eigenen Dummheit schützen zu müssen, indem man ihm statt der häufig von Grautönen durchzogenen Wahrheit eine leichter verdauliche schwarz-weiße Erzählung auftischt.

In dieses Spektrum reihen wir uns alle irgendwo ein und jede individuelle Positionierung birgt gleichzeitig Vorteile und Nachteile, Chancen und Risiken. Wer (zumindest in der Praxis) überhaupt nichts hinterfragt, läuft Gefahr, die Fähigkeit zum selbstständigen Denken zu verlieren. Umgekehrt genießt er ein Maximum an Sicherheit, schließlich kann er sich auf scheinbar eindeutige Fakten verlassen und spart sich die Zeit, Energie und den Ärger, die ein ständiges Hinterfragen und eigenständiges Auswerten vieler Informationen mit sich bringen. Zudem wird es dieser Person leichtfallen, am gesellschaftlichen Diskurs teilzunehmen und sogar Konsens zu finden, weil man sich auf gemeinsame Fakten und Parameter geeinigt hat.

Um das zu veranschaulichen, nutzen wir das Beispiel der kugelförmigen Erde: Wir wissen, dass die Erde nicht flach, sondern rund ist. Genau genommen ist sie auch nicht rund, sondern eher kartoffelförmig oder, auf Schlau, „ellipsoid" geformt. Der Einfachheit halber sagen wir aber gewohnheitsmäßig, sie sei „rund", und liegen damit zwar strenggenommen falsch, die semantische Ungenauigkeit ist aber zu vernachlässigen, weil wir so trotzdem viel näher an der Wahrheit sind als jeder Flat-Earther mit seiner Vorstellung einer scheibenförmigen Erde.

So weit, so gut. Nehmen wir nun aber an, alle Regierungen auf der Welt hätten sich aus irgendeinem konspirativen Grund zusammengeschlossen und würden uns fälschlicherweise seit jeher einreden, die Erde sei eine perfekte Kugel – also absolut rund. In einer Welt, in der niemand wirklich skeptisch ist, niemand offizielle Narrative hinterfragt und niemand eigenständig forscht, würden wir niemals zu der Erkenntnis gelangen, dass die Erde nicht rund, sondern ellipsoid ist.

Wäre das ein Problem? Man könnte anmerken: „Praktisch gesehen macht das ja keinen Unterschied für unser Leben. Ob die Erde nun rund oder ellipsoid ist – wir fallen von ihr ja nicht runter." Bei dieser Position sehe ich vier Probleme:

1. Wenn wir Wahrheit bereits a priori als Prinzip schätzen, ergibt sich hier ein Problem, weil wir einem Irrglauben aufsitzen.
2. Selbst wenn Wahrheit und Erkenntnisgewinn als Prinzipien egal wären, würden wir niemals herausfinden, dass wir belogen werden.
3. Wenn wir nicht herausfinden, *dass* wir belogen werden, können wir niemals herausfinden, *weshalb* wir belogen werden.
4. Selbst wenn wir aus nachvollziehbaren Gründen belogen werden, ist unklar, ob das neue Wissen nicht unvorhergesehene positive Effekte hätte.

Selbstverständlich macht die Motivation zu dieser Weltverschwörung einen großen Unterschied in der Bewertung der Fehlinformation. Wenn wir von einer guten Obrigkeit ausgehen, die uns belügt, weil es aus irgendeinem Grund wichtig für den Weltfrieden ist, von einer perfekt runden Erde auszugehen, ist es sicherlich etwas anderes, als wenn wir von einer schlechten Obrigkeit ausgehen, die uns belügt, weil sie uns mithilfe dieser Fehlinformation besser unterjochen kann.

Ob es trotzdem in beiden Fällen falsch wäre, sei mal dahingestellt. Zudem gibt es auch bei einer *white lie,* also einer gut gemeinten Notlüge, immer noch die Möglichkeit, dass der Lügner sich darin geirrt hat zu denken, die Lüge sei notwendig. Ja, diese Fragen sind nicht eindeutig zu beantworten. Sicher ist aber eines: In dieser hypothetischen Welt müssten wir uns nicht die Mühe machen, solche Fragen zu untersuchen. Oder anders formuliert: Wir könnten und dürften diese Frage gar nie untersuchen. Wir hätten einerseits also sehr viel mehr Sicherheit, aber andererseits sehr viel weniger Freiheit.

In einer Welt mit einem gesunden Maß an Skeptizismus würden wir Menschen aber nach und nach Indizien und Beweise sammeln, die das offizielle Narrativ der kugelförmigen Erde in Zweifel ziehen und ab einem gewissen Punkt sogar widerlegen würden. Wir würden herausfinden, dass wir belogen wurden, und vielleicht sogar, warum wir belogen wurden. Und wir würden gesellschaftlich aushandeln und gemeinsam herausfinden, ob die Lüge gut, notwendig oder schlecht für uns war – oder wir würden uns den Antworten zu diesen Fragen zumindest annähern und ein adäquateres Bild der realen Welt für uns zeichnen.

Selbstverständlich gibt es Szenarien, in denen man lieber nichts wüsste und man im Nachhinein bevorzugen würde, im Segen der Ignoranz zu leben. In anderen Fällen wäre man froh, die Wahrheit zu kennen und sich selbst ein Bild machen zu können. Offensichtlich sind wir in diesem Szenario sehr viel freier als im ersten, allerdings erleben wir auch sehr viel mehr Unsicherheit. Möchten wir die Informationen haben? Können wir überhaupt damit umgehen? Öffnen wir mit unserer Neugier die Büchse der Pandora? Dieses Dilemma wird im Film „A Few Good Men" brillant auf den Punkt gebracht, als Kaffee (gespielt von Tom Cruise) vor Gericht nach der Wahrheit verlangt und ihm Jessep (gespielt von Jack Nicholson) mit den legendären Worten antwortet: „You can't handle the truth!"

Ob die zu Tage tretenden Informationen und Erkenntnisse gut oder schlecht für uns als Gesellschaft sind, hängt von vielen Einzelfaktoren ab und diese sind in meinem hypothetischen Beispiel irrelevant. Es ist eine individuelle Sache, wie man generell dazu steht: Bevorzugt man die (potenziell unbequeme) Wahrheit oder die (möglicherweise angenehme) Lüge? Ich persönlich lehne ein infantiles Menschenbild ab und verfolge privat, auf meinem YouTube-Kanal und mit diesem Buch das Ziel, kritisches Denken und Mündigkeit zu verbreiten. Damit ist klar, wo ich stehe. Wo stehst du?

Abschließend haben wir noch das Szenario einer Gesellschaft zu betrachten, die „zu skeptisch" ist. Das passiert dann, wenn a) ein offizielles Narrativ widerlegt, b) dieses durch eine schlüssige Alternativ-Erzählung ersetzt wird und c) diese durch eine absurde Variante angezweifelt wird. Dieser Fall c) kann aus drei Gründen eintreten.

1. Weil Menschen durch Fall a) einen zu großen Vertrauensverlust erlitten haben.
2. Weil Menschen so „skeptisch" sind, dass sie Methoden der Wahrheitsfindung aus b) anzweifeln.
3. Beides gleichzeitig.

Die Wörter „skeptisch" und „Skepsis" setzte ich in diesem Abschnitt stets in Anführungszeichen. Aus dem einfachen Grund, dass es mit dem philosophischen Skeptizismus wenig bis nichts zu tun hat (siehe Kapitel IV. „Skeptizismus & Kritisches Denken) und deshalb auch nichts ist, was ich für korrekt oder empfehlenswert halte. Nichtsdestotrotz halten sich solche Menschen für „Skeptiker" und ihren irrationalen Mangel an Vertrauen für eine Tugend. Aber: *It's a bug, not a feature.* Es ist ein Fehler, keine Funktion.

Für manche Menschen kann es ausreichen, ihr komplettes Vertrauen in jemanden oder etwas zu verlieren, wenn sie ein einziges Mal angelogen wurden. Je nachdem, um was für eine Lüge es sich handelt, ist das wahrscheinlicher oder unwahrscheinlicher. Kleinere Lügen verzeihen und vergessen wir schneller, größere und komplexere Lügen machen es uns schwerer – und manche Dinge erschüttern uns so sehr in unseren Grundfesten, dass wir danach alles anzweifeln. Darum auch das passende Nietzsche-Zitat zu Beginn des Kapitels. Wenig vertrauensvolle und extrem „skeptische" Menschen basieren ihren Hang zu Verschwörungstheorien darauf, *dass* es Verschwörungen gibt. Dieser Schluss an sich ist nicht irrational, sondern folgt der Ableitung: „Wenn ich derart belogen wurde, glaube ich gar nichts mehr!"

Ein gesunder Skeptizismus legt nahe, begründet kritisch zu sein und nicht nur des Zweifels willen immer und überall zu zweifeln. Sicherlich ist es schwierig und mitunter subjektiv zu bestimmen, welches Maß an Skepsis korrekt bzw. angemessen ist. Deswegen ist es, wie gesagt, durchaus rational, nicht alle Verschwörungstheorien wegzuwischen mit dem Verweis darauf, es sei ja eine „Verschwörungstheorie". Das reicht genauso wenig dafür aus, die Theorie zu delegitimieren, wie umgekehrt zu folgern, weil irgendwo eine Verschwörung aufgedeckt wurde, an alle Verschwörungstheorien zu glauben.

Wo Menschen dann endgültig ins Absurditäten-Kabinett abrutschen, ist bei Punkt zwei. In unserem Szenario der „Runde-Erde-Verschwörung" begnügt sich die übertrieben „skeptische" Gesellschaft nicht mit der plausiblen Alternativtheorie einer ellipsoiden Erde. Diese wurde, nehmen wir an, durch mathematische Berechnungen, astronomische Beobachtungen, globale Messungen und verifizierte Weltraumfotos hinreichend belegt. Nicht nur werden die Narrative aufgrund eines Vertrauensverlusts angezweifelt, sondern die werden abgelehnt – aufgrund einer Skepsis gegenüber den Instrumenten, die zu diesem Ergebnis geführt haben.

Vereinfacht gesagt: Wenn wir darüber streiten, wie viel Zucker in meinen Kuchenteig gehört, ist es recht subjektiv, ob wir besser dem Rezept aus Kochbuch A oder Kochbuch B folgen sollen. Es ist vielleicht sogar noch plausibel, wenn wir uns darüber streiten, ob die Küchenwaage mir die empfohlenen 500 Gramm korrekt anzeigt – sie könnte ja fehlerhaft sein. Wenn du aber weder den Empfehlungen aus beiden Kochbüchern folgst, dazu die Verlässlichkeit meiner Küchenwaage anzweifelst und darüber hinaus bestreitest, dass sich Gewicht überhaupt akkurat bemessen lässt – dann spätestens leben wir nicht mehr in der gleichen Welt und eine Übereinkunft über die Realität ist nicht mehr möglich. Und exakt das passiert, wenn in unserem Gedankenexperiment die „Skeptiker" folgern, die Erde sei weder rund noch ellipsoid, sondern flach.

Richtig, diese Menschen werden nie wieder einer Lüge aufsitzen und sie besitzen die maximale Freiheit, was mögliche Erkenntnisse angeht. Da sie aber jegliche Rahmenbedingungen hinter sich lassen, in diesem Fall sogar die Grundlagen der wissenschaftlichen Methode und grundlegender Vernunft, verlieren sie jegliche Chance auf die Sicherheit irgendeiner Erkenntnis – weil sie Wahrheit und Lüge überhaupt nicht mehr unterscheiden können.

3. Was wir uns merken sollten

Vertrauen und Skepsis sind zwei Seiten der gleichen Medaille und keine davon ist per se schlechter oder besser als die andere. Beide Werte sind für sich genommen neutral – zu viel oder zu wenig kann in bestimmten Situationen und Konstellationen aber zu Problemen führen. Das heißt: Es kommt auch hier auf das richtige Maß zur richtigen Zeit an. Leider gibt es auch hier kein Pauschalrezept, an das wir uns halten können. Es gilt, wie immer, abzuwägen. Nicht nur bezüglich der Informationen, sondern auch bezüglich der eigenen Persönlichkeit. Denn es ist auch eine individuelle Frage, ob ich Dinge radikal hinterfragen möchte oder nicht.

Für den Erkenntnisgewinn ist ein gewisses Maß an Skepsis unabdingbar. Offensichtlich bin ich mit meinem Pseudonym „BiasedSkeptic" einem gewissen Maß an Skepsis zugetan und auch verpflichtet. Das hat aber Grenzen. Wer alles hinterfragt, verliert sich in Unsicherheit. In der modernen Welt sind das die sogenannten Rabbit-Holes, die uns immer weiter in irgendwelche Untiefen hinabziehen – digitale Parallelwelten, Foren, Chats, Communities –, aus denen wir die reale Welt am Ende gar nicht mehr sehen können. Solche Leute verabschieden sich aus der Wirklichkeit; sie sprechen eine andere Sprache, verwenden andere Parameter und blicken durch eine ganz andere Brille auf die Geschehnisse. Wer schon mal mit einem Verschwörungstheoretiker gesprochen hat, weiß, was ich meine. Mit diesen Leuten kann man sich kaum auf irgendetwas einigen – kleinste Trivialitäten werden unterschiedlich gewichtet und völlig anders gesehen. Beispielsweise ist für viele Reichsbürger das Wort „Personal" in unserem Ausweis Beleg dafür, dass wir keine Bürger, sondern Angestellte einer versteckten GmbH der Bundesregierung sind.

Es lebt sich leichter in einer Gesellschaft, in der man möglichst viele Sichtweisen und Parameter teilt und als gegeben akzeptiert. Dazu zählen

Sprache, Werte und Kultur. Noch grundlegender ein gemeinsames Verständnis vom Staat, von Wissenschaft bis hin zur Form der Erde. Für den psychischen Zustand und allein schon aus pragmatischen Gründen scheint es besser zu sein, sich eher in Sicherheit zu wiegen, als ständig alles anzuzweifeln. Natürlich kann uns die Realität treffen und unseren naiven Optimismus bestrafen. Wenn ich zum dritten Mal an der Tür einen minderwertigen Staubsauger gekauft oder beim Surfen auf das Pop-up geklickt habe, das mir verspricht, attraktive Frauen in der Nachbarschaft zu treffen – irgendwann wird Gutgläubigkeit in der realen Welt schmerzhaft. Es gibt eben nicht nur Menschen, die es gut mit uns meinen. Ich würde aber behaupten, es gibt auch nicht nur Menschen, die es schlecht mit uns meinen. Deswegen ist es ebenfalls rational, von einer Obrigkeit auszugehen, die zumindest nicht immer das Schlechteste für uns will.

Wer generell zu unkritisch ist, wacht vielleicht erst auf, wenn es zu spät ist und man bereits zu lange zum eigenen Nachteil belogen und getäuscht wurde. Es ist naiv, zu glauben, alles wäre gut und alles wäre wahr. Sich das einzureden ist selbstverständlich ein Ausdruck von Verzweiflung, weil man den ständigen Kampf der Auseinandersetzung und Bewertung von Informationen nicht (mehr) führen kann oder will. Die Alternative dazu ist aber nicht, einfach von einer Obrigkeit auszugehen, die uns an unsichtbaren Fäden in unser Verderben führen will. Auch diese Sichtweise ist naiv. Es ist nicht Ausdruck von Intelligenz oder Skepsis, hinter allem Lügen, Verschwörungen und Täuschungen zu vermuten. Es ist ebenfalls Ausdruck von Verzweiflung, weil man aufgegeben hat, den anstrengenden Weg der permanenten Wahrheitsfindung zu gehen.

Wir brauchen ein gesundes Maß an Vertrauen und ein gesundes Maß an Skepsis. Welches Maß korrekt ist, entscheidet der Einzelfall. Was wir nicht brauchen, sind Pauschalaussagen. „Du Verschwörungstheoretiker!" ist bei vorgebrachtem Zweifel genauso unangebracht wie „Du Schlafschaf!", wenn jemand etwas glaubt.

Überhaupt sollte die Bezeichnung „Verschwörungstheoretiker" in einer perfekten Welt, genau wie der Begriff „Querdenker", überhaupt nicht wertend, sondern rein deskriptiv, also beschreibend sein. In der Tat war das Querdenken vor einigen Jahren noch etwas Positives – eher im Sinne davon, über den Tellerrand hinausschauen. Auch das Hinterfragen offizieller

Erzählungen war einmal eine insbesondere investigativ-journalistische Tugend. Ohne sie wären tatsächliche Verschwörungen nie ans Tageslicht gekommen.

Doch die Entwertung dieser Begriffe oder vielmehr die Bedeutungsverschiebung geht mitnichten nur auf die Kappe „der da oben" (was auch immer das genau sein soll). Selbstverständlich ist es eine effektive Taktik, Machtstrukturen zu bewahren, indem man Kritik mundtot macht und als substanzlos framt – die Geschichte zeigt eindeutig, dass der Weg in totalitäre Regime mit einer Gleichschaltung der Medien und der Unterdrückung kritischer Stimmen einhergeht. Deshalb müssen wir im Sinne einer demokratischen Gesellschaft solche Bedeutungsverschiebungen aufmerksam beobachten. Ironischerweise sind es aktuell aber gerade in der Mehrheit „die Rechten", denen dieser Punkt wichtig erscheint. Ironisch, weil ja ihnen das Streben nach einer totalitären Machtstruktur unterstellt wird.

Es ist also einfach und effektiv, Menschen als Querdenker oder Verschwörungstheoretiker zu labeln und ihre Meinung damit abzuwerten. Deshalb wird das selbstverständlich von der Obrigkeit auch so gemacht. Die Corona-Pandemie hat gezeigt, dass große Teile der Kritik berechtigt waren, was die Effektivität der Impfstoffe angeht, den Übertragungsschutz oder die Sinnhaftigkeit von Masken. Es ist völlig klar, dass dadurch Vertrauen in die Obrigkeit verloren gegangen ist.

Zur Wahrheit gehört aber auch die Gegenperspektive, dass „wir hier unten" uns das in Teilen selbst zuzuschreiben haben. Zur Zeit der Maßnahmen waren diese meistens vernünftig, zumindest was den damaligen Wissensstand anging. Dass viele im Nachhinein mit ihrer Kritik und ihrem Argwohn recht hatten, heißt aber nur, dass sie besser geraten haben, und nicht, dass sie es besser wussten. Menschen, die sich nach einer dreistündigen Google-Orgie zum Experten stilisieren, kann man in einer solchen Frage nicht ernst nehmen. Vielleicht reicht das aus für den Bau eines Vogelhäuschens, aber nicht für Molekularbiologie.

Skepsis auf der Maßnahmenebene während der Pandemie war zu jeder Zeit angemessen. Die Argumentationskeule „Du bist ein Wissenschaftsleugner und deshalb muss ich dich nicht ernst nehmen" war deplatziert, wenn jemand die nächtliche Ausgangssperre hinterfragt hat. Dagegen ist sie ab dem Punkt notwendig, wenn jemand Impfstoffe an sich hinterfragt. Oder wenn jemand anfängt, von Bill Gates und Mikrochips zu faseln – spätestens dann leben wir nicht mehr in derselben Welt und sprechen auch nicht die gleiche Sprache. Und dann ist es in einem Echtzeitgespräch unmöglich, alles wirklich argumentativ und inhaltlich zu widerlegen. Nur wurde das Totschlagargument des „unwissenschaftlichen Verschwörungstheoretikers" undifferenziert gegen jedwede Kritik vorgebracht und diese Kompromisslosigkeit gab den absurden Verschwörungstheorien mehr und mehr Auftrieb.

Wir sollten aufmerksam und offen sein für Indizien, die unsere Meinung und Position herausfordern. Es ist keine Schande, seine Meinung zu ändern. Im Gegenteil: Es ist eine Schande, an der eigenen Position festzuhalten, um vermeintlich sein Gesicht zu wahren – obwohl alle Fakten dagegensprechen. Das gilt für beide Seiten: Wenn es die Umstände erlauben und erfordern, sollte ich den Grad meines Vertrauens erhöhen oder reduzieren, egal, ob ich skeptisch oder vertrauensvoll bin.

Nach David Hume sollten wir unseren Glauben den Beweisen anpassen – und nicht umgekehrt. Leider halten die meisten Menschen aus meiner Erfahrung eher an ihrer A-priori-Position fest („Das glaube ich (nicht)!"), weil sie so gepolt sind, anstatt ihren Myside- oder Confirmation-Bias (siehe Kapitel II. „Bias") hintenanzustellen und die Sachlage objektiv zu bewerten. Wir brauchen als Gesellschaft beide Seiten und sollten endlich anfangen, sie nicht als unsere Gegner, sondern als unser notwendiges Korrektiv zu begreifen.

IX. Sloganisierung

„You campaign in poetry, and govern in prose."

(Mario Cuomo, US-amerikanischer Politiker, 1932 – 2015)

Worte und Sprache sind großartige Dinge und mit dieser Aussage beziehe ich mich noch nicht mal auf den unschätzbaren Wert für die Entwicklung der menschlichen Zivilisation, sondern „nur" ihre Funktion als Ideen-Vehikel. Damit meine ich keine Trivialität, sondern auch die philosophische Beobachtung, dass sich die Bedeutung von Worten durch ihren Gebrauch offenbart. Schon der späte Wittgenstein formulierte das 1953 in seinen posthum veröffentlichten philosophischen Untersuchungen ähnlich. Das heißt vereinfacht gesagt: Was ein Wort wirklich bedeutet, hängt davon ab, wie es in der alltäglichen Sprache verwendet wird.

Ein Wort bekommt seine Bedeutung durch die Art und Weise, wie Menschen es in verschiedenen Situationen benutzen, und nicht nur durch eine feste Definition, die man in einem Wörterbuch findet. Wenn Menschen also eine Idee oder Position formulieren, reicht es nicht, mit dem Wörterbuch dazusitzen und die Vokabeln abzugleichen. Ob man dadurch wirklich erfasst, was der andere sagen will, halte ich für fraglich. Deshalb gebe ich in jedem Kapitel dieses Buches eine Definition meines Verständnisses und meiner Verwendung der relevanten Begriffe. Das halte ich für sehr viel sinnvoller, um meine Gedanken zu vermitteln. Es ist viel wichtiger, zu verstehen, was jemand *meint*, und nicht, was er anscheinend wörtlich *sagt*.

Aber was hat das nun alles mit der Kapitelüberschrift und dem beigefügten Zitat zu tun? Das ist der zweite relevante Aspekt von Sprache, auf den ich in diesem Kapitel eingehen möchte: der Inhaltsverlust bei Verkürzungen. Damit meine ich, dass ich die ersten zwei Absätze dieses Kapitels auch in einem Satz hätte zusammenfassen können: „Um jemanden zu verstehen, müssen wir herausfinden, was er meint, und nicht nur, was er sagt – weil Sprache Ideen nur ungefähr übersetzen kann." Oder hätte ich das? Ich behaupte, zwischen der Aussage der beiden Abschnitte und der verkürzten Zusammenfassung hat ein großer Bedeutungsverlust stattgefunden. Es gehen viele Nuancen verloren und so gibt es sehr viel mehr Raum für Missverständnisse und Fehlinterpretationen. Ob das schlimm ist, hängt von einer einzigen Frage ab: Sind wir uns dessen bewusst, ja oder nein?

1. Begriffsdefinition

Unter Sloganisierung versteht man in Politik, Marketing und Kommunikation die Verwendung einprägsamer und stark vereinfachter Phrasen in Kampagnen oder Debatten. Dadurch werden komplexe Ideen verdichtet und so für die breite Öffentlichkeit verständlich gemacht.

Das ist prinzipiell eine tolle Sache und wir alle machen uns das zunutze. Auch „Dialog statt Dogma" ist eine Art Slogan – leicht zu merken, sogar mit schöner Alliteration versehen (beide Substantive beginnen mit dem gleichen Buchstaben) und man versteht direkt ungefähr, was ich wohl damit sagen möchte. Nichtsdestotrotz habe ich dem Titel aber noch fast 200 Seiten beigefügt. Warum? Weil der Slogan allein eben nicht alles transportiert, was ich mitteilen möchte.

Es geht mir auch nicht um konkrete Slogans oder Kampagnen an sich, sondern um das Grundprinzip. Wenn ich im Verlauf des Kapitels Beispiele nenne, dann ist es völlig unerheblich, ob man dem Slogan ganz, gar nicht oder ein bisschen zustimmt. Ich möchte veranschaulichen, dass es problematische bis absurde Auswüchse annimmt, wenn der Slogan zum Inhalt wird. Wenn also der inhaltliche Unterbau mit all seinen weiteren Informationen, Nuancen, Grautönen und Ausnahmen komplett gestrichen und durch den simplen Slogan ersetzt wird.

2. Programm ≠ Politik

Ich weiß die Macht und den Nutzen eines Slogans absolut zu schätzen – schließlich dreht sich meine komplette akademische wie auch berufliche Laufbahn in irgendeiner Form um Sprache und Kommunikation. Es geht also nicht darum, irgendwelche Slogans und die dazugehörigen Bewegungen zu verteufeln, sondern darauf aufmerksam zu machen, dass eine Reduktion auf die Kernaussage kein vielschichtiges Problem lösen und keine komplexe Frage beantworten wird.

Slogans funktionieren so gut, weil sie nicht nur unseren Verstand, sondern auch unsere Emotionen ansprechen. So schaffen sie es, heterogene Interessengemeinschaften unter dem kleinsten gemeinsamen Nenner zu vereinen. Denken wir an die Demonstrationen gegen Polizeigewalt oder gegen eine Covid-19-Impfpflicht, die etwa zeitgleich stattfanden – bei Zehntausenden von Demonstranten kann rein logisch jeweils nicht von homogenen Gruppen ausgegangen werden (es sei denn, wir tappen in die Falle der Etikettierung, siehe Kapitel V. „Links & Rechts"). Das Einzige, was alle Demonstranten einte, war jeweils der Slogan: „Black Lives Matter" respektive „Freiheit statt Zwang".

Völlig unerheblich, ob ein Demonstrant für die Abschaffung der Polizei oder schlicht gegen rassistische Diskriminierung marschierte, hier war man sich einig: Schwarze Leben zählen. Ganz egal, ob ein Demonstrant die Impfpflicht aus Angst vor einem implantierten Bill-Gates-Nano-Chip ablehnte oder seinen Wunsch nach körperlicher Selbstbestimmung vertrat, für beide galt: Ich entscheide selbst. Welche konkreten Maßnahmenwünsche diese Überzeugung beinhaltet, steht auf einem ganz anderen Blatt Papier. Genau das meinte Mario Cuomo in seiner Rede an der Harvard University im Jahr 1985, als er die Worte des Eingangszitats dieses Kapitels wählte: Den Wahlkampf betreibt man mit Poesie, regiert wird nach Prosa. Was zu Beginn gut klingt, inspiriert, mobilisiert und eint, ist leider nur Teil der Wahrheit. Trump versprach, „Make America Great Again" und eine Mauer an der Grenze zu Mexiko zu bauen; Obama proklamierte „Yes, We Can!" und stellte in Aussicht, Obamacare einzuführen.

Soweit zur Poesie, kommen wir zur Prosa: Was genau können wir? Wie genau machen wir Amerika wieder großartig / führen Obamacare ein?

Unter welchen Umständen? Für wen? Für wen nicht? Welche Hindernisse gibt es? Wie wird es finanziert und welcher Finanztopf wird deswegen gestrichen? Welche Kompromisse müssen eingegangen werden? Wie viel festes Reimschema ist noch übrig, wenn das schöne Gedicht erst durch die zahlreichen Mahlwerke der Politikmühlen gelaufen ist?

Spätestens dann, wenn es um konkrete Maßnahmen geht, wird den Vertretern eines Slogans erst mal klar, wie weit die Ziele der Interessengemeinschaft eigentlich auseinanderklaffen. Viele Wähler verstanden Trumps Versprechen einer Mauer als Metapher, illegale Einwanderung zu beschränken, und waren schockiert darüber, dass er die Mauer nicht nur wirklich gebaut hat, sondern auch die Einreisekriterien für qualifiziertes Fachpersonal verschärfte und generell gegen Migranten hetzte. Für andere Trump-Wähler war die physische Mauer ein absolutes Pflichtversprechen und sie waren enttäuscht, dass die realen Abschiebezahlen sogar unter denen aus Obamas Anfangszeit als US-Präsident lagen. Im Falle der Obamacare verstanden viele Wähler darunter das Versprechen einer flächendeckenden staatlichen Krankenversicherung – dabei handelte es sich viel eher um eine komplexe Reform des Systems, um den Zugang zu einer Krankenversicherung zu erleichtern, nicht aber um eine Versicherung für jedermann.

Weshalb Anspruch und Realität jeweils so weit auseinanderklafften, ist ganz eindeutig auf die Sloganisierung zurückzuführen. Es ist nicht möglich, Menschenmassen mit einem komplexen Politikprogramm zu mobilisieren. „Millionärssteuer jetzt!" klingt deutlich besser, emotionalisierender und einprägsamer als jeder differenzierte Textabschnitt darüber, wer genau, wann und in welchem Maße besteuert werden soll. „Konsequent abschieben!" oder „Kein Mensch ist illegal" klingen gegensätzlich, sind in Wirklichkeit aber zwei poetische Seiten einer Prosa-Medaille.

Damit meine ich, dass die allermeisten Menschen beide Positionen vertreten, sie wissen es nur nicht. Sie marschieren auf der einen Seite mit, weil sie natürlich wollen, dass illegale Einwanderer, die im groben Maße straffällig werden, nicht Teil der Gesellschaft sind oder von ihr finanziert werden. Das verstehen sie unter einer „konsequenten Abschiebung" – nicht aber, Kriegsflüchtlinge, die alles verloren haben, einfach so zurück in die Herkunftsländer zu fliegen. Diese Leute sind dann schockiert, wenn sie während der Demo die Hitlergrüße all derer bemerken, die unter „konsequenter Abschiebung" auch die mitmeinen, die „erst" in zweiter oder dritter Generation in Deutschland leben und deshalb nicht „wirklich deutsch" sind – was immer diese groteske Idee überhaupt bedeuten mag.

Es mag naiv klingen, überrascht davon zu sein, auf solchen Demonstrationen auf Neo-Nazis zu treffen – vielen Leuten ist aber tatsächlich nicht bewusst, wie vorherrschend dieses Gedankengut in Deutschland mitunter noch ist. Gleichsam gibt es auch unter den „Kein Mensch ist illegal"-Schildern viele Köpfe, die das Konzept gut finden, dabei aber reale Grenzen sehen. Nein, damit möchte ich nicht das überstrapazierte Bild des kriminellen Flüchtlings perpetuieren – ich will nur deutlich machen, dass sich jeder Mensch ab einem gewissen Punkt für eine Gesellschaft untragbar machen kann.

Das Konzept „Kein Mensch ist illegal" ist der richtige, menschliche Ansatz und deswegen qualitativ höher zu bewerten als jedes „konsequente Abschieben" – aber beide Ansätze haben ihre praktischen Grenzen. Wer dem widerspricht, tut das mit höchster Wahrscheinlichkeit deshalb, weil er unbedingt an seinem Slogan festhalten möchte oder das Konzept nur bis zum poetischen Slogan, nicht aber weiter hinein in die Prosa durchdacht hat.

Wie bereits gesagt, ist die Mobilisierung einer Bewegung unter einem einfachen Schlachtruf nicht das Problem. Sämtlicher Aktivismus funktioniert so. Das Problem entsteht dann, wenn der Slogan den inhaltlichen Untersatz ersetzt und den Diskurs um jegliche Nuance beraubt. Zum Beispiel wenn sich ein selbstgerechter Satiriker völlig unreflektiert vor ein Millionenpublikum ins deutsche Fernsehen setzt und glaubt, der Transdebatte und den Betroffenen mit ständigem Wiederholen des Slogans „Transfrauen sind Frauen" irgendwie weiterzuhelfen.

Wer auch diese Debatte auf den Slogan reduziert, verkennt die Komplexität des Themas. Großen Teilen der unbedarften Bevölkerung ist noch nicht mal klar, was Begriffe wie Cis-Gender überhaupt bedeuten oder dass man zwischen biologischem (Sex) und sozialem Geschlecht (Gender) unterscheidet. Für Onkel Otto klingt der Slogan dann so, als ginge es darum, biologische Unterschiede zwischen Cis- und Transfrauen zu leugnen – und wenn er statt einer vernünftigen Diskussion nur den Slogan und den

Vorwurf der Transfeindlichkeit hört, ist eine Ablehnung des ganzen Themas nicht unwahrscheinlich. Dabei geht es den meisten Transpersonen und -aktivisten nur darum, dass Menschen in ihrer selbstidentifizierten Geschlechtsidentität akzeptiert und in Ruhe gelassen werden. Denn leider sind Transmenschen nicht nur Opfer von Diskriminierung, sondern sehen sich auch körperlichen Angriffen ausgesetzt. Die Situation Betroffener verbessert sich aber nicht, wenn Menschen für das Äußern legitimer Bedenken, etwa zum Umgang mit Transpersonen im Sport oder der Transition von Kindern, direkt als transfeindlich geframt werden. Wenn die Debatte nur noch auf Slogans reduziert und in Freund und Feind unterteilt wird, erreichen wir keine Verbesserung. Nur durch einen offenen Dialog können wir ein besseres Verständnis und damit eine wirkliche Akzeptanz und die angestrebte Inklusion erreichen, die Transpersonen selbstverständlich genauso verdienen wie jeder andere Mensch.

Auch die Klimadebatte krankt am Syndrom der Sloganisierung. Denken wir an „Climate Justice Now!"– Klimagerechtigkeit jetzt! Klar, wer will das nicht? Auch ich möchte, dass meine Kinder noch auf einem lebensfähigen Planeten leben können bzw., wenn man den pessimistischsten Prognosen glauben darf, nicht in ein paar Jahren Zeugen bereits unzähliger humanitärer Katastrophen als Folge des Klimawandels werden. Und ich behaupte, niemand möchte das. Wer den menschengemachten Klimawandel leugnet, sollte seine Fähigkeit zum kritischen Denken überprüfen oder an seinem hohen Maß an Misstrauen gegenüber der Obrigkeit arbeiten.

Dennoch ist nicht jeder, der von Klimaklebern nicht begeistert ist, automatisch ein Leugner des Klimawandels. Die meisten Argumente gegen eine radikale Kehrtwende in der Klima- und damit Wirtschaftspolitik sind nicht so krud, wie sie häufig dargestellt werden. Lassen wir die tatsächlichen Klimawandelleugner außen vor, genauso wie die Handvoll Psychopathen, denen wirklich völlig egal ist, was mit unserem Planeten passiert – angemessen skeptische Gegner stellen folgende Punkte infrage:

1. Wie groß ist der menschliche Einfluss? Es ist durchaus relevant, ob die menschengemachten Einflussgrößen einen großen, mäßigen oder geringen Anteil an den steigenden Temperaturen haben. Je größer der Einfluss, desto essenzieller eine Veränderung und umgekehrt.

2. Wie groß ist der Zeithorizont? Es ist durchaus relevant, ob es bis zur Klimakatastrophe noch ein, zehn, zwanzig oder fünfzig Jahre sind. Je mehr Zeit wir haben, desto weniger krass muss die Reaktion ausfallen und umgekehrt.
3. Sind die Folgen prognostizierbar? Es ist durchaus relevant, ob Umfang und Ausmaß der erwarteten Katastrophen (klimatisch, wirtschaftlich, humanitär) exakt, ungefähr oder kaum zutreffend sind. Je präziser die Prognosen, desto mehr Panik ist angemessen und umgekehrt.
4. Nutzen wir die richtigen Maßnahmen? Es ist durchaus relevant, ob die nachhaltigen Technologien kostengünstig und effektiv genug sind oder nicht. Je besser die Technologien, desto schneller sollten wir wechseln und umgekehrt.
5. Ist die Kursänderung bezahlbar? Es ist durchaus relevant, ob die Weltwirtschaft derart einschneidende Veränderungen finanziell sehr gut, mäßig oder schlecht verkraftet. Je stabiler die Wirtschaft, desto konsequenter können Veränderungen umgesetzt werden.
6. Liegt zu wenig Fokus auf der Gegenwart? Es ist durchaus relevant, ob das zukünftige Leid potenzieller Menschen wichtiger, gleich wichtig oder weniger wichtig ist als das aktuelle Leid existierender Menschen. Je mehr Relevanz wir der Zukunft zuschreiben, desto weniger Rücksicht sollten wir auf das Hier und Jetzt legen und umgekehrt.
7. Ziehen genug Parteien am gleichen Strang? Es ist durchaus relevant, ob die Gesamtheit der nachhaltigen Bemühungen locker, gerade so oder nicht ausreicht, um eine globale Veränderung zu bewirken. Je wahrscheinlicher die Bemühungen von Erfolg gekrönt sind, desto konsequenter sollten wir sie verfolgen und umgekehrt.

Zu Einwand 1: Wie groß ist der menschliche Einfluss?

Ich persönlich teile die Einschätzung, dass das Thema Klima eines der wichtigsten, vielleicht sogar das wichtigste unserer Zeit ist. Diese Information kann aber kein Kriterium zur Meinungsbildung für dich als Leser darstellen. Falls du in diesem Buch weiterhin eindeutige Antworten auf komplexe Fragen suchst, sind wir beide an der Kernbotschaft gescheitert – du am Verständnis und ich an deren Vermittlung. Es geht mir also an dieser Stelle nicht darum, ein Statement für oder gegen die Notwendigkeit einer Klimawende zu setzen.

Im Folgenden stelle ich gängige und wichtige Gegenargumente dar, um für Verständnis beider Seiten zu werben. Nicht präskriptiv, sondern deskriptiv. Ich erkläre also nicht, was passieren sollte, sondern ich beschreibe, was passiert. Denn ich bin kein Experte und werde, egal, wie viel Erfolg mich in Zukunft ereilen sollte, nicht der intellektuellen Hybris erliegen, die so manchen Populär-Philosophen ereilt hat, und mir einbilden, zu allem etwas Relevantes zu sagen zu haben. Ich schwöre. Ich gehe aber davon aus, dass man durch gesunden Skeptizismus und methodisch richtiges kritisches Denken zu einer ähnlichen Auffassung kommen sollte:

Zu behaupten, dass die menschliche Zivilisation überhaupt keinen Einfluss auf das Klima des Planeten Erde hat, ist aus meiner Sicht keine haltbare Position. Noch grundlegender muss man akzeptieren, dass die Temperatur auf der Erde gestiegen ist – wer diese Prämisse ablehnt, sollte nochmals versuchen, den Unterschied zwischen Wetter und Klima zu verstehen. Rein intuitiv scheint es nicht plausibel, anzunehmen, massive Eingriffe in ein komplexes Ökosystem hätten keine weitreichenden Folgen auf den Planeten und damit auf das Klima per se. Um nur die offensichtlichsten zu nennen: Raubbau an Erdressourcen über Jahrhunderte, Veränderungen in Fauna und Flora durch Ausrottung und Land- bzw. Vieh- und Holzwirtschaft, die Produktion von Emissionen (Industrie, Logistik, Infrastruktur) und die Verschmutzung der Weltmeere und des Grundwassers durch Müll.

Da uns Intuition als gesunde Skeptiker aber nicht gut genug sein sollte, benötigen wir harte Fakten an dieser Stelle und die liefert uns die Wissenschaft. Richtig, ein gesunder Skeptizismus berücksichtigt auch den Einfluss von Lobbyismus, politischer Manipulation und der grundsätzlichen Fehlbarkeit der wissenschaftlichen Methode – die Indizienlage ist aber so konsistent und schlüssig, dass der menschliche Faktor als Einfluss auf klimatische Veränderungen folglich nicht gleich null sein kann. Für diese Annahme bräuchte es schon eine besondere Kombination aus eigentümlicher Intuition, krassem Unwissen und überbordendem Misstrauen. Und wenn wir uns hoffentlich darauf einigen können, dass der menschliche Einfluss irgendwo über null liegt, gilt es die viel kompliziertere Frage zu beantworten: Wie groß ist dieser Einfluss?

Um diese Frage weiter zu untersuchen, gehen wir von einer Skala von 1 (sehr gering) bis 10 (extrem hoch) aus, die die Höhe des menschlichen Einflusses repräsentiert. Weder mit einer besonders niedrigen noch besonders hohen Zahl sollte jemand pauschal („Klimawandelleugner!", „Klimaterrorist!") aus dem Diskurs ausgeschlossen werden. Alle Leute auf diesem Spektrum spielen zumindest dieselbe Sportart. Damit meine ich, dass sie zumindest alle eine Grundintuition teilen und auf offizielle Narrative zumindest bis zu einem gewissen Grad vertrauen. Daraus folgt: Sie sollten somit durch gute Argumente im vereinbarten Rahmen des Spielfelds erreicht werden können.

Übrigens ist es auch ein Erfolg, jemanden in einer Debatte graduell zu überzeugen, also beispielsweise von einer 1 auf eine 2 oder von einer 10 auf eine 9 zu bewegen – denn das zeigt beidseitige Empfänglichkeit für rationalen Diskurs, also den Austausch und die kritische (Neu-)Bewertung von Argumenten. Drastische Veränderungen im Meinungsbild deuten viel eher auf eine instabile und wenig substanzielle Grundposition hin als auf einen wirklich fruchtbaren Austausch. Jedenfalls geht es den meisten „Klimaskeptikern" nicht darum, den Klimawandel und den menschlichen Einfluss zu leugnen, sondern zu hinterfragen, wie groß der Einfluss tatsächlich ist. Eine Frage, die extrem wichtig ist. Denn überschätzen wir den menschlichen Einfluss, verändern wir zu viel, unterschätzen wir den Einfluss, verändern wir zu wenig.

Zu Einwand 2: Wie groß ist der Zeithorizont?

Wenn wir gemäß 1) davon ausgehen, dass der Mensch einen Einfluss auf den Klimawandel hat, stellt sich daran anschließen offensichtlich die Frage, wie schnell dieser voranschreitet bzw. wie lange wir noch Zeit haben, ihn aufzuhalten bzw. die Effekte zu regulieren. Offensichtlich sind die ersten Horrorszenarien nicht eingetreten, denn wir haben schon so manche „endgültige Deadline" verpasst – und sind immer noch hier.

Daraus aber abzuleiten, dass das auch für die zukünftigen Vorhersagen gilt, scheitert am Induktionsproblem nach David Hume (siehe Kapitel III. „Fehlschlüsse“: Nur weil die Sonne gestern und seit Menschengedenken jeden Tag aufgegangen ist, können wir nicht davon ausgehen, dass sie morgen wieder aufgeht).

Es ist zwar vernünftig, weil das mit dem Sonnenaufgang anscheinend eine ziemlich zuverlässige Sache ist, logisch zwingend ist es aber nicht. Das gleiche Prinzip können wir auf den Weltuntergang bzw. die bisherige Unzuverlässigkeit solcher Prognosen übertragen. Zudem wissen wir, dass die Sonne erst in etwa fünf Milliarden Jahren verglühen und spätestens damit zum menschlichen Untergang führen wird (zumindest als lebende Spezies auf dem Planeten Erde) – eine Sicherheit, die wir bei Klimaprognosen aber nicht haben.

Offensichtlich scheinen aber nicht alle Untergangsszenarien korrekt zu sein, weshalb ein gewisses Maß an Skepsis gegenüber zukünftigen Prognosen ebenfalls rational ist. Da wir uns aber gemäß 1) einig sind, *dass* der Mensch Einfluss auf den Klimawandel hat, müssen wir uns logisch folgend auch einig sein, *dass* es irgendwann zu spät ist, *wenn* der Mensch genug Schaden anrichtet. Genau diese Einschätzung trifft jeder Mensch bei der Bewertung des Einwands Nummer 1 und wird entsprechend tendenziell auch bei Einwand 2 in einem ähnlichen Bereich der Skala landen. Wenn wir auch hier wieder eine Skala von 1 (sehr viel Zeit) bis 10 (extrem wenig Zeit) ansetzen, sind alle Positionen zumindest in einem rationalen Bereich und müssen entsprechend diskutiert werden. Bevor man abschließend schlussfolgert, dass es hier nur um persönliche Meinung geht, gibt es aber noch zwei Faktoren zu bedenken: erstens den Konsens der Wissenschaft und zweitens das Risiko (siehe Einwand 3).

Klimaforscher gehen in einer überwältigenden Mehrheit davon aus, dass gewisse Grade der Erderwärmung sogenannte kritische Schwellen darstellen. Das heißt: Dort passiert entweder etwas Extremes und/oder nach Überschreiten der Schwelle wird es vergleichsweise sehr viel schwerer bis unmöglich, den Trend noch umzukehren. Das liegt daran, dass Dynamiken innerhalb eines Systems oft aufeinander aufbauen und zum Beispiel Kettenreaktionen auslösen oder dass irreversible Schäden entstehen. Das sind Veränderungen, die nicht rückgängig gemacht werden können – das Aussterben einer bestimmten Spezies wäre ein Beispiel für einen irreversiblen Schaden.

Ziehen wir eine Analogie zum Rauchen: Die Wissenschaft ist sich einig in der Frage, ob Rauchen gesundheitsschädlich ist. Wenn man früh genug aufhört, hat man aber gute Chancen, einen frühzeitigen tödlichen Ausgang zu vermeiden und seine Lungenfähigkeit quasi wieder vollständig wiederzuerlangen – wann ist es aber noch früh genug und ab wann zu spät? Schwer zu sagen. Schließlich ist das sehr individuell. Dass aber spätestens dreißig Jahre Kettenrauchen nur den wenigsten Menschen gut bekommt, ist offensichtlich. Wenn ein Lungenflügel abgestorben ist, ist er abgestorben. (Und nein, es ist kein gutes Argument, dass dein Opa 130 Jahre Kettenraucher und trotzdem kerngesund war. Das ist ein Fehlschluss auf vielerlei Ebenen (siehe Kapitel III. „Fehlschlüsse"; z. B. „Fehlschluss der unzureichenden Stichprobe" oder „Anekdotenargument").)

Jedenfalls geht es Kritikern von Klimaprognosen meistens nicht darum, die Existenz eines „Point of no return" abzustreiten. Also einen Punkt, an dem es kein Zurück mehr gibt. Sie hinterfragen eher, ob dieser Zeitpunkt wirklich so nah ist, wie aktuell kolportiert wird. Eine Frage, die extrem wichtig ist. Denn handeln wir zu hektisch, finden wir keine gute Lösung, handeln wir zu lethargisch, gibt es gar keine Lösung mehr.

Zu Einwand 3: Sind die Folgen prognostizierbar?

Wenn wir uns gemäß 1) und 2) zumindest einig sind, *dass* der menschliche Einfluss *irgendwann* Folgen haben wird, stellt sich die Frage, *wie* diese Folgen aussehen werden. Jedem sollte klar sein, dass es in einem komplexen System mit schier unendlich Variablen beinahe unmöglich ist, präzise Vorhersagen zu treffen. Wäre das so einfach, würde sich die Börse beispielsweise nicht so volatil zeigen. (Egal, welcher Finanzberater dir jemals eine Garantie für irgendetwas geben will: Es stimmt nicht. Entweder ist er inkompetent oder er lügt.)

Es sollte aber auch offensichtlich sein, dass sich daraus nicht folgern lässt, es seien keinerlei Prognosen in einem komplexen System möglich. Nur weil man nicht immer oder exakt richtig liegt, kann man, mit dem richtigen

Modell, vereinzelt trotzdem genaue Treffer landen und – das sogar recht verlässlich – einen langfristigen Trend vorhersagen. Das häufig missverstandene Prinzip der großen Zahl besagt, dass statistische Anomalien, also Ereignisse, die eigentlich nicht zu erwarten sind, über längere Zeit an Signifikanz verlieren. Keine Angst, das klingt komplizierter, als es ist. Leider bedeutet es nicht, man sollte am Roulette-Tisch davon ausgehen, es würde jetzt wahrscheinlich Rot kommen, weil die Kugel die letzten zehn Male auf Schwarz gelandet ist. Das beschreibt die sogenannte „Gamblers-Fallacy" (siehe Kapitel III. „Fehlschlüsse") – einer der Gründe, warum die Bank immer gewinnt und viele Spieler immer verlieren. Dem Roulette-Tisch ist es nämlich egal, wie oft Schwarz gekommen ist – die Chancen sind auch beim nächsten Wurf exakt gleich hoch, ob die Kugel auf Schwarz oder Rot landet.

Das Gesetz der großen Zahl sagt nur aus: Je länger der Roulette-Tisch läuft, desto mehr nähert sich die Verteilung Schwarz/Rot der Verteilung an, die wir statistisch erwarten würden: 50 : 50. Wenn wir den Tisch nur zwei Stunden beobachten und unser ganzes Geld verlieren, weil wir das Prinzip nicht verstehen, kann es durchaus sein, dass neunzigmal Schwarz kommt und nur zehnmal Rot. Dieser statistische Ausreißer verliert aber zunehmend an Gewicht, wenn wir den Tisch zehn Stunden, drei Wochen oder vier Jahre beobachten.

Aber wieso gebe ich als passionierter Zocker gratis Coaching fürs Glücksspiel? Weil auf dem gleichen Prinzip langfristige Modelle wie das der Börse oder des Klimas basieren. Kurzfristig ist die Prognose für beides sehr unzuverlässig: Unsere Lieblingsaktie stürzt trotz guter Bewertung und Kaufempfehlung von heute auf morgen ins Bodenlose ab und der Wetterbericht hat einen schönen Sommertag vorausgesagt und es hat dann doch die ganze Zeit nur geregnet. Ähnlich, aber nicht ganz so extrem, ist die Vorhersage für eine Aktie oder das Wetter auf eine Woche gesehen, aber je größer der Zeitraum ist, den wir betrachten, desto weniger bedeutsam sind unerwartete Ausschläge wie ein Schneetag im August – insgesamt ist der Monat wahrscheinlich trotzdem eher warm gewesen.

Zur Vollständigkeit: Im Gegensatz zum Wetter muss sich eine einzelne Aktie auch auf Dauer nicht normalisieren. Manchmal bleibt eine Aktie für immer im Keller, das Wetter im August ist aber auf Dauer, zumindest auf der Nordhalbkugel, immer besser als im Dezember. Deswegen hinkt der Vergleich etwas. Langfristig denkende Anleger nutzen dabei das Gesetz der großen Zahl, indem sie in ETFs investieren, die ganze Indizes abbilden. Auf diese Weise können sie die Risiken über eine Vielzahl von Anlageformen streuen und die langfristige Stabilität ihrer Erträge erhöhen, da die Wahrscheinlichkeit von Ausreißern, die das gesamte Portfolio beeinflussen, mit zunehmender Anzahl von Investitionen abnimmt.

Dieser ganze Exkurs soll folgende Dinge verdeutlichen: Prognosen in komplexen Systemen sind schwierig und einzeln betrachtet eher unzuverlässig. Das heißt, es ist durchaus rational, nicht jedem Horrorszenario zu vertrauen, das besagt: „In X Jahren verändert sich Y und deshalb passiert Z." Daraus aber abzuleiten, jegliche Prognosen über die Zukunft seien abzulehnen, nur weil ein System kompliziert ist, folgt ebenfalls nicht. Insbesondere langfristige Tendenzen, wie auch die Entwicklung eines Klimas, können durchaus verlässlich vorhergesagt werden.

Im Kontext der schwierigen Frage, wie zuverlässig die Prognosen bezüglich der Folgen des Weltklimas sind, haben Zweifel an allerlei Horrorszenarien durchaus ihre Berechtigung. Die Augen vor der Erderwärmung und des sich mindestens langfristig, vielleicht sogar kurzfristig (je nach Beantwortung der Fragen 1 und 2) stark verändernden Klimas zu verschließen, wäre aber mindestens naiv. Darauf zu hoffen, dass eine solche Erwärmung schon keine heftigen Konsequenzen nach sich ziehen wird, wäre mindestens fahrlässig.

Zu Einwand 4: Nutzen wir die richtigen Maßnahmen?

Wenn wir uns gemäß der Einwände 1), 2) und 3) einig sind, *dass* der menschliche Einfluss *irgendwann* einen so großen Einfluss auf das Klima hat, dass *irgendwelche* negativen Konsequenzen zu erwarten sind, stellt sich die Frage, wie wir diese abwenden können. Welche konkreten Veränderungen müssen stattfinden? Wenn Menschen diese Frage stellen oder gar bestimmte Maßnahmen und Technologien infrage stellen, bedeutet das nicht automatisch, sie würden den Klimawandel leugnen.

Selbst die konkurrierenden Automobilisten haben sich inzwischen darauf geeinigt, auf Elektromobilität zu setzen. Das heißt aber nicht automatisch, dass das auch richtig ist. Vor einigen Jahren galten beispielsweise Wasserstoff-Antriebe oder Hybrid-Fahrzeuge als vielversprechend und in einem anderen Universum würden wir inzwischen vielleicht Biodiesel tanken oder wir wären zu Pferdekutschen zurückgekehrt. Will heißen: Man kann sich auf mehrere Weisen fortbewegen und jede zugrundeliegende Technologie hat ihre spezifischen Stärken und Schwächen. Keine der Alternativen ist objektiv betrachtet perfekt. Welche Technologie sich am Ende durchsetz, hängt auch (und vielleicht vor allem) von politischen und wirtschaftlichen Entscheidungen ab.

Es ist also nicht absurd, auf verschiedene Problematiken der E-Mobility hinzuweisen, ohne das Konzept der Klimawende als solches infrage zu stellen. Insbesondere die Herstellung von Akkus ist durch den Abbau der benötigen Rohstoffe wie Lithium, Kobalt und Nickel alles andere als umweltfreundlich. Auch die Wiederverwertung und Entsorgung der Akkus ist nicht unproblematisch.

Bei der Herstellung erneuerbarer Energien wie Solar, Wind oder Wasser gibt es ebenfalls Bedenken. Insbesondere die mangelhafte Speicherfähigkeit ist ein großes Thema und die Frage ist legitim, wie vernünftig es ist, beispielsweise in Deutschland Solarenergie zu nutzen und abseits von Sonnenstunden ausländischen Strom einzukaufen. Das sind keine endgültigen oder logisch zwingenden Argumente gegen E-Mobilität oder erneuerbare Energien, denn offensichtlich bieten die zugrundeliegenden Technologien riesige Vorteile. In dieser Passage geht es mir darum, deutlich zu machen, dass eine kritische Auseinandersetzung damit völlig rational ist und einen damit nicht automatisch zum Klimawandelleugner o. Ä. macht.

Am Ende geht es um eine komplexe Kosten-Nutzen-Rechnung, die ich selbst weder aufstellen noch verstehen kann. Wir müssen die Bedenken aber diskutieren, absurde Einwände als solche entlarven und legitime Kritikpunkte ernst nehmen. Es reicht nicht, im Sinne von „Klimaschutz jetzt" (Die Grünen) und „Energiewende stoppen" (AfD) eine sloganisierte Debatte zu führen und alles, was nicht zu einhundert Prozent auf Linie ist, als irrational abzutun.

Zu Einwand 5: Ist die Kursänderung bezahlbar?

Diese Frage lässt sich auf mehreren Ebenen stellen, denn offensichtlich kostet eine Umstellung des gesamten Energiesektors Geld. Anlagen und Kraftwerke müssen gebaut, das Energienetz angepasst werden. Zudem ist der bürokratische Aufwand solcher Umstellungen auf politischer Ebene immens. Aus sloganisierter Perspektive sind das keine Argumente – (Steuer-)Gelder sind genug da, man muss sie halt hierfür einsetzen, dann passt das schon. Das stimmt zwar, ist aber auch nur die halbe Wahrheit.

Zur ganzen Wahrheit gehört auch, dass die Klimawende der Wirtschaft, zumindest kurz- und mittelfristig, schadet. Das ist kein wirtschaftsliberaler oder neurechter Talking-Point, sondern Fakt: Jeder Eingriff in einer solchen Größenordnung verändert die Wirtschaft. Während Gesetze, Richtlinien und Subventionen vergleichsweise schnell auf den Weg gebracht werden können, verändern sich Branchen und einzelne Unternehmen nicht von heute auf morgen. Diese Zeit der Umstellung ist herausfordernd – es braucht neue Maschinen, neue Lieferketten, neue Produkte, neue Kunden, neues Wissen. Das lässt sich alles mit genug Zeit lösen – der Weg dahin ist aber steinig und investitionsintensiv.

Denken wir an die Automobilindustrie, die nach wie vor mit großem Abstand die wichtigste Branche der deutschen Wirtschaft darstellt. Selbstverständlich gibt es weiterhin jede Menge Autos, für deren Bau jede Menge Einzelteile nötig sind – aber ein E-Auto unterscheidet sich bezüglich seiner benötigten Komponenten einfach massiv von einem Verbrenner. Wer sich beispielsweise auf die Produktion von Teilen im Verbrennungsmotor spezialisiert hat, der hat als Zulieferer ab jetzt einfach gelitten. Klar, Veränderungen und Anpassungsfähigkeit sind in der Wirtschaft immer gefragt und wer nicht mitkommt, bleibt im Kapitalismus auf der Strecke. Das war so und wird, zumindest im kapitalistischen System, immer so bleiben. Es geht auch nicht darum, diese Tatsache zu bewerten – daraus leitet sich aber eindeutig die Begründung dafür ab, weshalb diese Änderungen für jedes Unternehmen, die gesamte Branche und damit die ganze Wirtschaft massive Auswirkungen bedeuten.

Worauf möchte ich hinaus? Ganz einfach: Wenn am Ende zu wenig Unternehmen übrig bleiben, die a) die Klimawende durch ihre Steuergelder finanzieren und b) die benötigten Produkte und Technologien bauen und umsetzen können, scheitert das ganze Vorhaben. Das heißt, die Klimawende muss wirtschaftlich so gestaltet werden, dass sie (halbwegs) profitabel herbeizuführen ist. Richtig, die Weltwirtschaft kann sich auch von massiven Krisen wieder erholen und das Weltklima wird ab Punkt X irreversibel geschädigt sein, deshalb muss man Prioritäten setzen und Nebenwirkungen bis zu einem gewissen Grad aushalten. Es nützt aber auch nichts, sich aufzumachen, das Weltklima zu retten und die Weltwirtschaft auf halbem Wege so massiv gegen die Wand zu fahren, dass es von dort aus nicht mehr weitergeht.

Auch wenn es Klimaaktivisten nicht hören wollen, weil der Horror der Klimakatastrophen berechtigterweise noch deutlich höher ist als die Angst einer (Welt-)Wirtschaftskrise: „Klimawende jetzt!" ist nur Poesie – die Prosa der politischen und wirtschaftlichen Umsetzung muss zwangsläufig geprägt sein von Kompromissen und dem Spagat zwischen möglichst rascher klimafreundlicher Veränderung und gleichzeitiger wirtschaftlicher Rentabilität und Stabilität. Es nützt nichts, sämtliche wirtschaftliche Bedenken beiseitezuschieben und derlei Einwände als „Klimawandelleugnung" zu denunzieren. Die Umsetzung der Klimawende kann nur gemeinsam funktionieren und das erfordert den stetigen Austausch aller Interessengruppen.

Zu Einwand 6: Liegt zu wenig Fokus auf der Gegenwart?

Der wahrscheinlich philosophischste Einwand dieser Liste ist gar nicht so kompliziert. Für alles, was man im Sinne der Zukunft tut, opfert man etwas in der Gegenwart – und umgekehrt. Wenn ich mir jetzt trotz Appetit den Besuch beim leckeren Italiener um die Ecke spare, wirkt die Zahl auf der Waage am nächsten Morgen voraussichtlich sympathischer. Wenn ich heute Abend in der Kneipe sitzen bleibe, weil es gerade so launig ist, bin ich morgen verkatert und müde. Das Konzept verstehen wir alle intuitiv und entscheiden uns mal für die Gegenwart, mal für die Zukunft. Viele verstehen darunter auch Disziplin – nicht immer den kurzfristigen Trieben und Wünschen nachgeben, sondern auch mal verzichten und später davon profitieren. Umgekehrt nennen wir es Hedonismus, wenn Menschen der unmittelbaren Befriedigung ständig nachgeben. YOLO!

Auch hier gebe ich keine normative Einschätzung zum optimalen Verhältnis von Genuss und Verzicht, zwischen Prassen und Bausparvertrag. Das ist a) individuell und b) objektiv nicht zu messen. Wer kann schon sagen, ob zwanzig geile Jahre und am Ende ein paar Wochen Herzverfettung, Syphilis und Leberzirrhose wertvoller oder minderwertiger sind als hundert langweilige Jahre in außergewöhnlicher Gesundheit zu erleben? Der Punkt ist ein anderer: An später zu denken, fällt uns umso schwerer, je weniger direkt die Auswirkungen spürbar sind. Dieses Prinzip ist in der Psychologie als Belohnungsaufschub oder, bei negativen Konsequenzen, als verzögertes Feedback bekannt.

Einen Sixpack zu bekommen, ist nicht nur schwierig, weil man dafür richtig trainieren und sich korrekt ernähren muss, sondern weil man beides langfristig tun muss. Man geht nicht einen Tag ins Gym, isst einen Tag Hühnchen, Reis, Brokkoli und Proteinpulver und sieht direkt ein Hundertstel Sixpack und macht das noch neunundneunzigmal. Das wäre zwar auch nicht einfach, aber psychisch leichter als in der Realität: Dort tut sich lange erst mal gar nichts, bis man irgendwann die Saat ernten kann, die man mühsam und konsequent sät. Dieses Prinzip ist einer der Gründe dafür, dass viele Leute insbesondere bei langfristigen Projekten die Motivation verlieren und das Ziel nicht bis zum Ende verfolgen.

Ähnlich und fast noch fieser verhält es sich bei langfristigen negativen Konsequenzen. Es wäre viel leichter, mit dem Rauchen aufzuhören, wenn man nach jeder Zigarette direkt spüren würde, wie die Lunge ein kleines bisschen schlechter funktioniert. In der Realität zeigt sich die Gefahr meist erst, wenn es zu spät ist: Mit zwanzig ist man noch „jung und gesund", auch mit dreißig hat man „noch genug Zeit aufzuhören", mit vierzig geht es einem „trotz Rauchen ja gut" und erst wenn mit fünfzig die Diagnose Lungenkrebs da ist, begreift man zweifelsfrei, was man sich eigentlich dreißig Jahre lang angetan hat.

Aber was hat das mit dem Klimawandel zu tun? Aus meiner Sicht eine ganze Menge. Zum einen haben wir die Parallele des verzögerten Feedbacks: Wir merken einfach nicht direkt und nicht eindeutig, ob wir die Erde, damit dem Klima und so das Leben von Menschen in gewissen Regionen mit unserem Verhalten nachhaltig schädigen – und vor allem nicht, wie massiv. Die andere Parallele ist noch perfider: Es geht nicht nur um die Menschheit jetzt, sondern um Menschen, die es noch gar nicht gibt.

Richtig, man könnte nun einwenden, es sollte in unserer Natur liegen, an unsere Kinder zu denken und deren Interessen zu berücksichtigen. Aber dann haben wir wieder das Problem der verzögerten Feedbackschleife: Wie viel Verzicht heute führt zu wie viel Verbesserung in der Zukunft? Wie viel Party führt zu wie viel Hangover? Das ist schwer zu beantworten und schwer gegeneinander aufzuwiegen, zumal wir die negativen kurzfristigen Effekte direkt erleben, die potenziellen langfristigen Zugewinne eben nicht.

Doch damit nicht genug. Was ist, wenn wir uns die nächsten Jahre völlig selbst kasteien, um die Klimawende für die nächsten Generationen zu schaffen und in der Zwischenzeit löschen wir uns in einem Nuklearkrieg selbst aus? Wäre es da nicht besser gewesen, die letzten Jahre auf Erden eine wilde Drogenparty zu feiern, statt Blumen in ein Herbarium zu kleben, die sich sowieso keiner anschauen wird? Diese Gedanken sind zumindest interessant, aber ein gesunder Skeptizismus setzt voraus, unter der Annahme zu leben, dass die Sonne auch morgen noch aufgehen wird. Aber auch dann gibt es noch einen berechtigten Einwand: den menschlichen Erfindergeist.

Viele Kritiker der Klimawende stützen sich auf eine optimistische Sichtweise im Sinne von „Not macht erfinderisch": Der Mensch hat bisher alle Herausforderungen gelöst und wird sicherlich innovativ genug sein, auch die Herausforderungen im Kontext des Klimawandels zu bewältigen. Da gibt es argumentativ keine Widerlegung, schließlich kann man, außerhalb der Mathematik, kein Negativ beweisen. Das Schicksal der Menschheit aber auf das Prinzip Hoffnung zu bauen, ist, vorsichtig formuliert, diskutabel.

Jedenfalls soll in diesem Abschnitt deutlich geworden sein, dass es weder psychologisch noch rational gesehen so einfach ist, gegenwärtige Interessen gegen zukünftige Interessen abzuwägen. Auch ein ethisches Verantwortungsprinzip, also die Annahme einer Verpflichtung, nachfolgenden Generationen einen bewohnbaren Planeten zu hinterlassen, ist, philosophisch betrachtet, eine nicht mehr oder weniger valide Sichtweise als ein Echtzeit-Hedonismus. Egal, wo man bezüglich dieser Frage steht:

Es gibt keine „one-fits-all"-Lösung, die auf jeden Fall zu bevorzugen ist. Jede Lösung bringt unerwünschte Begleiterscheinungen mit sich.

Mir scheint eine philosophische Synthese die vernünftigste Perspektive zu sein, also eine Sichtweise, die versucht, mehrere Prinzipien miteinander zu vereinen. Vielleicht muss es kein Entweder-Oder geben, sondern vielleicht können beide Ziele, also relatives Wohlergehen jetzt und relatives Wohlergehen in der Zukunft, durch nachhaltige Handlungsweisen erreicht werden. Und damit sind wir wieder auf der praktischen Ebene, die reale Maßnahmen und echte Kompromisse erfordert – und keine oberflächlichen Slogans.

Einwand 7: Ziehen genug Parteien am gleichen Strang?

Womit wir beim letzten Punkt wären, den wir auch „Aber China" bzw. „Wir müssen Vorbild sein" nennen könnten. Das sind die Slogans, mit denen in dieser Frage argumentiert wird. Die eine Seite bezieht sich auf die Tatsache, dass die Bemühungen einzelner Länder, zum Beispiel Deutschlands, im globalen Kontext keinen Unterschied machen, wenn andere Länder wie China nicht den gleichen Kurs fahren. Gekontert wird sloganartig mit der Vorbildfunktion: „Wenn wir nicht vorangehen, macht es keiner!"

Aber wer hat recht? Leider beide. Denn in der Tat stößt China weiterhin in Summe die meisten Treibhausgase in die Atmosphäre und baut kräftig Kohlekraftwerke. Zur Wahrheit gehört aber auch, dass wir in Deutschland, pro Kopf gerechnet, größere Klimasünder sind, wohingegen China weltweit führend in der Produktion von Solarmodulen, Windturbinen und Akkus für Elektrofahrzeuge ist.

Das „Aber China"-Argument birgt also die Gefahr, als Ausrede für die eigenen Versäumnisse bei der Erreichung von Klimazielen zu gelten, während „Wir müssen Vorbild sein" wirtschaftliche Realitäten ignoriert. Richtig, wenn nicht genug Länder an einem Strang ziehen, sind alle anderen Bemühungen für die Katz. Daraus folgt aber logisch nicht, dass man es nicht versuchen sollte. Mit dieser Denke sitzt man dem Nirvana-Fehlschluss auf (siehe Kapitel III. „Fehlschlüsse"). Denn nur weil andere nicht komplett mitmachen, heißt das nicht, dass sie gar nicht mitmachen oder man selbst es komplett sein lassen sollte. Selbst wenn du den schweren Rucksack die meiste Zeit alleine trägst, kommst du trotzdem eher ans Ziel, je mehr andere dir zumindest partiell dabei helfen.

In der Tat kann man andere nur zum Mitmachen bewegen, wenn man mit gutem Beispiel vorangeht. Die Betonung liegt aber auf „gut" und nicht auf „Beispiel". Es reicht nicht, wenn man den schweren Rucksack eine Weile trägt. Man muss auch auf eine zurückgelegte Strecke in die richtige Richtung verweisen können, die man ohne Beinbrüche hinter sich gebracht hat. Und es reicht ganz sicher nicht, wenn man schon auf den ersten Metern zusammenbricht, weil man sich mit dem Gewicht des Rucksacks verschätzt hat. Konkret gesprochen: Wenn Deutschland sich in seiner Rolle als Vorbild übernimmt, wirtschaftlich ruiniert und die Energiewende nicht profitabel genug über die Bühne bringt, wird man andere kaum dazu bewegen, dem Beispiel zu folgen. Und wenn es keiner macht, haben wir irgendwann tatsächlich alle verloren.

Es gilt also, in der globalen Zusammenarbeit ein Gleichgewicht im Spannungsfeld verschiedener Kräfte zu finden: ein Tempo, das die Vorbilder erfolgreich vorgeben können, ohne sich wirtschaftlich zu übernehmen, und einen Umfang, der im globalen Kontext relevant sowie für andere Länder reproduzierbar ist. Auch in diesem Kontext gilt es, Bedenken äußern zu können. Weder darf uns das Hinterherhinken anderer Nationen dazu verleiten, alle Bemühungen einzustellen, noch sollten wir uns dazu hinreißen lassen, die Energiewende im Unverstand und Alleingang durchprügeln zu wollen. Das richtige Maß kann nur in enger Kooperation mit anderen Ländern stattfinden – ein schwieriges Unterfangen, wenn wir uns schon gesellschaftlich und politisch nur insofern aufeinander „zubewegen" können, als aufgebrachte Autofahrer demonstrierenden Klimaaktivisten die angeklebten Hände gewaltsam vom Asphalt reißen.

3. Was wir uns merken sollten

Insbesondere die ausführliche Betrachtung zur Klima-Debatte sollte die Kernaussage dieses Kapitels deutlich gemacht haben: Politische Slogans haben mit der Realität relativ wenig zu tun. Weder bringen sie uns inhaltlich in der Debatte weiter noch sind sie Grundlage für irgendwelche realpolitischen Entscheidungen. Die einzige Funktion der Sloganisierung sollte sein, Menschen für Ideen zu begeistern. Ähnlich wie gute Poesie bringt sie die zentralen Kerngedanken auf den Punkt, macht sie verständlich und klingt dabei noch gut. Slogans sollten aber niemals den faktischen Unterbau einer Thematik oder den inhaltlichen Kontext ersetzen – sie können die Prosa, den erklärenden Text, nur ergänzen.

Auch in der Philosophie gilt, dass es nicht ausreicht, die Kerngedanken eines Denkers zu kennen, um sein Werk zu verstehen. Das Zitat „Ich weiß, dass ich nichts weiß" ist ein häufig missverstandener philosophischer Satz und passt wunderbar zu meinem Buch. Richtigerweise wird es Sokrates zugeschrieben, allerdings ist es wortwörtlich gar nicht überliefert. Sinngemäß wird der Ausspruch so verstanden, als würde Sokrates entweder jegliches Wissen negieren und eine Art radikalen Skeptizismus verfolgen (was daran problematisch ist, habe ich in Kapitel IV. „Skeptizismus & Kritisches Denken" betrachtet) oder er würde damit seine eigene vollständige Ignoranz zugeben.

Tatsächlich beschreibt das Zitat viel eher eine intellektuelle Demut als Grundlage seiner eigentlichen Weisheit, indem er sich – im Gegensatz zu vielen seiner Zeitgenossen – der Möglichkeit eigener Irrtümer bewusst war. Es stellt somit eine der frühesten Repräsentation eines gesunden Skeptizismus dar, der die eigene Fehlbarkeit ins Zentrum epistemologischer Untersuchungen rückt. Einfach gesagt: Sokrates war wahrscheinlich einer der ersten antiken Philosophen, der dafür plädierte, eigenes und bekanntes Wissen immer wieder systematisch zu überprüfen.

Für dieses Verständnis der sokratischen Denkweise braucht es eben mehr, als lediglich den Aphorismus zu kennen. Aphorismus könnte man der Einfachheit halber als philosophischen Slogan übersetzen. Es braucht viel zusätzliche Prosa, also seine philosophischen (von Platon niedergeschriebenen) Texte oder ergänzende Informationen (wie meine gegebene Interpretation), um diesen Punkt wirklich zu verstehen.

Das gleiche Prinzip lässt sich auf moderne Politik und modernen Aktivismus übertragen. Mithilfe von Slogans führen Politiker und Parteien ihren Wahlkampf, begeistern Wähler für ihre Ideen bzw. bedienen damit die politischen Wünsche der Wählerschaft. Entsprechend stand auch auf keinem Wahlplakat der Grünen „Klimawende dann, wenn wir genug Kompromisse eingegangen sind, sodass die restliche Regierung einverstanden, sogar die Opposition ausreichend an Bord ist und wirklich alle wichtigen Lobbyversprechungen bedient wurden. Und natürlich auch dann nur in dem Maße, dass wir nicht zu viele kritische Wähler verprellen – wir wollen ja schließlich wiedergewählt werden." Auf dem Plakat steht „Klimawende jetzt!". Wer das aber mit dem eigentlichen Parteiprogramm verwechselt und darüber hinaus nicht versteht, dass es kein realpolitisches Ziel sein kann, ist natürlich nicht nur enttäuscht, sondern auch sehr naiv.

Während einer politischen Kampagne verwenden die Kandidaten oft große Visionen und emotionale Appelle, um ihre Anhänger zu inspirieren und zu mobilisieren. Sobald ein Kandidat oder eine Partei dann gewählt ist, verlagert sich der Schwerpunkt auf die praktische Umsetzung der Politik, das Treffen von Entscheidungen und die Verwaltung des Tagesgeschäfts. Diese Arbeit ist dann komplexer, weniger glamourös und vor allem weniger konsequent als die Rhetorik einer politischen Kampagne.

Um einen vernünftigen Dialog in Bezug auf wichtigen Themen zu finden, braucht es aber auch ein tiefergehendes Verständnis vonseiten der Gesellschaft. Aber wenn selbst die wirklich ins Thema investierten Aktivisten nicht mehr zu bieten haben, als eindimensionale Slogans zu brüllen, scheint mir das eher unwahrscheinlich. Wer sich mit einem besseren Spickzettel bewaffnet, bestehend aus drei politischen Stichworten, in den politischen Dialog begibt und das dann auch noch mit substanziellem Inhalt verwechselt, versteht keine Argumente der Gegenseite, er kennt sie noch nicht mal. Wie auch – wenn er ganz offensichtlich noch nicht einmal die eigene Position wirklich durchdrungen hat.

X. Identitätspolitik

„Es gibt keine ewige Moral, sondern nur eine historische."

(Simone de Beauvoir, französische Philosophin, 1908 – 1986)

Der kritische Leser mag sich jetzt oder schon länger gefragt haben, weshalb sich dieses Buch in erster Linie kritisch mit dem extremen linken Spektrum auseinandersetzt. Die einfache Antwort darauf lautet: Weil sich die extreme Rechte mindestens historisch, vielleicht sogar philosophisch von selbst disqualifiziert – rechten Extremismus abzulehnen, sollte gegeben sein. Man mag mir philosophisch gerne widersprechen – eine Unterhaltung darüber könnte durchaus interessant sein – historisch halte ich es für unbestreitbar. Wen meine philosophische Überzeugung interessiert, kann sich den folgenden Exkurs durchlesen – für meine Argumentation, die auf der historischen Begründung fußt, ist sie aber unerheblich. Wen es nicht interessiert, der kann den nächsten Abschnitt überspringen und bei *b. Der historische Ansatz* weiterlesen.

a. Der philosophische Ansatz

Die fundamentalste Unterscheidung beider politischer Richtungen liegt meinem Verständnis nach in den Werten Gleichheit (links) und Freiheit (rechts). Ich persönlich finde beides ganz großartig – und der individuelle Freiraum in unserer kapitalistischen, erfolgsorientierten Leistungsgesellschaft hat mir geholfen, meine Privilegien zu wahren bzw. auszubauen. Ich habe auch in einer solchen Gesellschaft und Weltordnung kein Problem, ein gutes Leben zu führen. Das Problem dabei ist meine philosophische Überzeugung, wonach ich für all das nichts kann, weil ich die Vorstellung eines freien Willens ablehne.

Wer genau wissen will, warum, kann sich meine zahlreichen Videos zu diesem Thema anschauen, eines davon findet sich hier:

https://www.youtube.com/watch?v=Max19X2pEuc

Wer mir bereits bei dieser Prämisse nicht folgt, wird mir auch bei meinen weiteren Schlussfolgerungen widersprechen. Um den Rest dieses Abschnitts zu verstehen, muss man also mindestens vorübergehend so tun, als wäre man ebenfalls überzeugt, es gäbe keinen freien Willen.

Ich kann nichts dafür, wann, wo und wie ich geboren wurde. Ich kann nichts für meine Genetik, nichts für meine Talente, nichts für mein Aussehen und nichts für meine Intelligenz. Ich kann nichts für die soziale Klasse oder für mein Erbe – ich habe unter allen Gesichtspunkten, insbesondere optisch, den absoluten Jackpot des Lebens gezogen. So weit sind wir uns hoffentlich noch einig. Manche haben halt Glück, andere Pech. Der kernlinke Gedanke ist, den weniger Glücklichen zu helfen. Der kernrechte Gedanke ist, Eigenverantwortung zu fördern und den weniger Privilegierten zu befähigen, sich selbst zu helfen. Dieser kernrechte Gedanke benötigt zwingend einen freien Willen, denn er basiert auf der Vorstellung, Menschen könnten lernen (oder sich dazu entscheiden), ihre Umstände, ihre Einstellung, ihren Charakter zu ändern. Wer an einen freien Willen glaubt, wird nun einwenden, ich hätte ja zum Beispiel entschieden, meine zufälligen Privilegien sinnvoll einzusetzen, und hätte damit meinen Erfolg selbst in der Hand. Andere, die weniger Glück hatten, sollen sich halt einfach dafür entscheiden, ihren Arsch hochzukriegen.

Setzen wir an dieser Stelle voraus, ich hätte recht und es gäbe keinen freien Willen. Was leitet sich dann daraus ab? Wenn niemand etwas für seine Grundvoraussetzungen kann und auch niemand etwas für sein Verhalten und seine Entscheidungen kann, fällt jede Eigenverantwortung leider weg. „Er hätte doch entscheiden können, sich ab jetzt anzustrengen!" Nein, hätte er nicht. Sonst hätte er sich ja angestrengt. Irgendetwas in seinem vorbestimmten Charakter und seinen erworbenen Erfahrungen hat in seinem Gehirn dazu geführt, dass er sich nicht „mehr anstrengen" konnte. „Er hätte doch einfach weniger faul sein müssen!" Nein, hätte er nicht. Sonst wäre er weniger faul gewesen. Irgendetwas in seinem vorbestimmten Charakter und seinen erworbenen Erfahrungen hat in seinem Gehirn dazu geführt, dass er nicht „weniger faul" sein konnte. Wenn ein Kind das Rechnen trotz Nachhilfe, Übung und Hausaufgaben nicht versteht, akzeptieren wir irgendwann auch, dass es „Mathe einfach nicht kann". Oder wenn jemand die Schritte trotz Tanzkurs und Übung nicht zusammenbekommt, akzeptieren wir irgendwann auch, dass er „einfach nicht tanzen kann". Ich sehe beim besten Willen nicht, wo der fundamentale Unterschied zu kognitiven Prozessen wie Denken oder „Entscheiden" liegen soll.

Dieser Exkurs wird die wenigsten davon überzeugen, den freien Willen anzuzweifeln. Auch bei mir hat es immens viel Lektüre und Reflexion erfordert, diesen radikalen Standpunkt einzunehmen, den ich in wenigen Zeilen versucht habe wiederzugeben – ohne der Komplexität wirklich gerecht werden zu können. Ich empfehle zu dieser faszinierenden Frage weitere Recherche. Es geht nur darum, darzulegen, weshalb ich aufgrund dessen die grundsätzliche, linke Position zumindest in der Theorie bevorzugen muss:

Wenn Menschen so beschränkt in ihrem eigenen Denken und Handeln sind, wie ich es mir vorstelle, dann funktioniert der rechte Ansatz mit Eigenverantwortung einfach nicht. Und wenn mir intuitiv nicht egal ist, dass es vielen Menschen deshalb unverschuldet schlecht geht, dann muss ich Gleichheit als Wert über die Vorstellung von Freiheit stellen. Ich könnte und kann mich auch in einer rechten Welt wunderbar entwickeln. Für viele andere gilt das, nach meiner Überzeugung, aber nicht – und wenn ich intellektuell redlich sein will, muss ich das auch in meine gesellschaftskritischen Forderungen einfließen lassen, ob es mir gefällt oder nicht.

b. Der historische Ansatz

So viel zum philosophischen Argument, welches man, wie gesagt, nicht teilen muss, um meiner grundsätzlichen Argumentation zu folgen: Wer hingegen dem historisch Argument widerspricht, ausgerechnet in

Deutschland, hat entweder im Geschichtsunterricht nicht aufgepasst, ist nicht in der Lage, ordentlich zu recherchieren und methodisch kritisch zu denken, oder aber er sitzt mindestens einer absurden alten oder absurden neuen Theorie auf. Eine absurde alte wäre die Vorstellung einer überlegenen „deutschen Rasse", eine absurde neue wäre die Behauptung, Nazis wären eigentlich links gewesen.

Ich möchte in diesem Abschnitt auch keine „linken" Verbrechen relativieren, etwa in Maos China oder der Sowjetunion. In solchen Fällen wurde die gute Grundidee der menschlichen Gleichheit pervertiert und in ein autoritäres, menschenfeindliches System gequetscht. Das geschah aber nicht wegen, sondern trotz der Grundidee – das Resultat ist aber selbstverständlich trotzdem zu verurteilen. Und der Beleg dafür, sozialistische oder gar kommunistische Systeme seien dem Kapitalismus in der Realität überlegen, steht immer noch aus. Im Falle der Nazis basierten die Verbrechen auf einer Vorstellung von Überlegenheit, einem intrinsischen Rassismus und der systematischen Vernichtung bestimmter, als minderwertig befundener Gruppen. Es gab also nicht mal eine gute Grundidee, die es zu pervertieren gegeben hätte, sondern dieses Beispiel für ein rechtes Regime war durch und durch schlecht.

Nein, in diesem Buch widerlege ich keine alt- oder neurechten Narrative, aber ich gebe wichtige Ratschläge zum kritischen Selbststudium der Geschichte, der Philosophie und vor allem der eigenen Überzeugungen. Wer all das ernsthaft betreibt, kann nicht ernsthaft der Meinung sein, eine extreme rechte Position wäre in Deutschland in irgendeiner Weise vertret- oder duldbar.

Das Fazit dieser Einleitung lautet: Der Feind unserer Gesellschaft befindet sich rechts außen. Das halte ich für offensichtlich und ich halte es auch für beinahe ausgeschlossen, die Denkweise von Menschen, die sich dort befinden, zu verändern. Deswegen zähle ich diese Leute nicht zu meiner Zielgruppe. Dass Konservative, Zentristen und Linke zu meiner Zielgruppe gehören, versteht sich von selbst. Meine Zielgruppe sind aber alle, die sich auf der Skala links von denen befinden, die extrem rechts sind. Und dazu gehören auch viele, die von Linksextremen permanent und fälschlicherweise als „Rechte" oder „(Neo-)Nazis" diffamiert werden. Meiner gesamten Zielgruppe möchte ich erklären, weshalb es wichtig ist, links außen so stark zu kritisieren, wie ich es in diesem Buch tue. Obwohl ich ihre Ziele grundsätzlich teile, muss ich sie kritisieren, weil ich erstens nicht sehe, dass ihr Engagement jemandem hilft – im Gegenteil. Zweitens muss ich sie kritisieren, weil sie Methoden anwenden, die nicht akzeptabel sind.

Diese Kritikpunkte möchte ich im weiteren Verlauf dieses Kapitels anhand dreier konkreter identitätspolitischer Beispiele verdeutlichen. Meine These: Alle drei Themen zeigen uns, wie die Opfergruppe durch die vermeintliche Hilfe ihrer „woken Beschützer" entmündigt wird und gleichzeitig den Feinden dieser Opfergruppe in die Hände spielt, weil das eigene radikale Verhalten dem eigenen positiven Ansinnen entgegenwirkt.

1. Begriffserklärung

Identitätspolitik bezieht sich nach meinem Verständnis auf alle politischen Positionen, Bewegungen oder Maßnahmen, die sich auf die Interessen gesellschaftlicher Gruppen konzentrieren, die durch gemeinsame Merkmale wie Geschlecht, ethnische Zugehörigkeit, sexuelle Orientierung, Religion oder andere Identitätsmerkmale definiert sind. Das grundsätzliche Ziel von Identitätspolitik ist, Diskriminierung zu bekämpfen, die aufgrund solcher Merkmale auftritt.

Eine Diskriminierung, die sich gegen eine gesellschaftliche Gruppe richtet, wird mit einem speziellen Begriff bezeichnet, zum Beispiel Diskriminierung gegen Frauen (Sexismus), Diskriminierung gegen Homosexuelle (Homophobie), Diskriminierung gegen andere Ethnien und Hautfarben (Rassismus), Diskriminierung gegen konkrete Religionen (Islamophobie, Antisemitismus, ...) oder bestimmte sexuelle Identitäten (z. B. Transphobie). Diese Liste könnte deutlich verlängert werden, dient aber an dieser Stelle nur der Verdeutlichung.

Dazu sollen verschiedene Maßnahmen getroffen und gewisse Dinge unterlassen werden, um soziale Gerechtigkeit zu fördern und die Rechte marginalisierter Gruppen zu stärken. Eine solche Maßnahme wäre, die Sichtbarkeit einer Gruppe zu erhöhen, indem man sie beispielsweise in die Sprache integriert (Gendersprache), kulturell repräsentiert (Diversität in Medien, z.B. in Filmen und Serien) oder beruflich fördert (Frauenquote). Denk- und Verhaltensweisen, die man in diesem Kontext unterlassen sollte, wären beispielsweise die als Diebstahl empfundene Übernahme von Aspekten einer anderen Gruppe (kulturelle Aneignung) oder das Vermeiden sogenannter Mikroaggressionen (z. B. „Locker-Room-Talk" oder Fragen nach dem ethnischen Hintergrund).

Um identitätspolitische Ziele zu erreichen, wird gegen die politischen Feinde häufig eine mächtige Waffe gezückt: die Cancel-Culture. Wer beispielsweise offen für rassistische Diskriminierung ist, zählt offensichtlich und zurecht zu den Feinden der Identitätspolitik – und wird heutzutage gecancelt. Allerdings kann auch eine weniger offensichtliche Verfehlung Auslöser für Cancel-Forderungen sein: etwa, wenn man bei einer aktiven Maßnahme nicht mitmacht (zum Beispiel keine Gendersprache nutzt) oder gewisse Dinge nicht unterlässt, weil man sie nicht für problematisch hält (z.B. das Tragen von Karnevalskostümen).

Die heutige Identitätspolitik basiert im Wesentlichen auf drei theoretischen Einflussfaktoren: die Philosophie Michel Foucaults, die Postkoloniale Theorie und die Critical Race Theory. Wer ihren theoretischen Unterbau verstehen möchte, sollte sich mindestens mit diesen drei Stichworten auseinandersetzen (und hätte damit schon jede Menge zu tun), wahrscheinlich auch explizit mit der Intersektionalität (siehe Kapitel XI. „Bumerang"). Die Ansätze sind sowohl herausfordernd als auch interessant und haben ganz sicher ihre Daseinsberechtigung. Aktivisten vergessen gerne: Wie bei allen interdisziplinären Ansätzen handelt es sich aber keinesfalls um indiskutable oder unumstößliche Fakten, sondern sie sind alle aus verschiedenen Gründen in der Wissenschaft umstritten. Das heißt nicht, dass sie falsch sind, es heißt nur, dass sie nicht als biblisches Dogma zu behandeln und zu betrachten sind.

2. Die Systematik der Identitätspolitik

Aus der Begriffserklärung lässt sich aus meiner Sicht folgende Systematik ableiten: Wir haben einerseits Dinge, die es aktiv zu tun, und andererseits Dinge, die es aktiv zu unterlassen gilt. Zur ersten Gruppe gehören proaktive Maßnahmen wie etwa das Gendern, zur zweiten Gruppe gehören Konzepte, die man sich erstens gedanklich bewusst machen und zweitens unterlassen sollte, etwa kulturelle Aneignung. Wer einen Aspekt davon missachtet, läuft Gefahr, mit der Höchststrafe sozialer Ächtung belegt zu werden – der Cancel-Culture. Beispielhaft für jeden Teil dieser Systematik betrachte ich die genannten Themen im Folgenden im Detail und zeige auf, weshalb sie problematisch sind und was sie (nicht) erreichen.

A) Gendersprache

Gendersprache ist ein Werkzeug der Identitätspolitik mit dem Ziel, sprachliche Diskriminierung zu reduzieren und Sichtbarkeit für verschiedene Geschlechtsidentitäten zu schaffen. Befürworter sehen darin einen Schritt hin zu mehr Inklusion und Gleichberechtigung. Kritiker argumentieren oft, dass solche Veränderungen die Verständlichkeit und Tradition der Sprache beeinträchtigen könnten. Im extremsten Fall sieht man darin den Versuch, der Bevölkerung Sprachregeln zu oktroyieren, also etwas, das konsequent zu Ende gedacht, der erste Schritt in eine Sprachdiktatur sein könnte.

Ich habe mich in meinen Videos gegen das Gendern ausgesprochen, da freie Meinungsäußerung, die freie Rede voraussetzt, Grundlage jeder Demokratie ist. In der überbordenden Verwendung der Gendersprache innerhalb der klassischen und öffentlich-rechtlichen Medien könnte man einen implizierten Druck sehen, ebenfalls gendern zu müssen. Das gleiche Muster lässt sich an Hochschulen und Universitäten erkennen, die teilweise mit Notenabzügen bei nicht gegenderten Hausarbeiten Negativschlagzeilen machten.

Richtig, weder gibt es eine offizielle Genderpflicht an Hochschulen noch wäre das rechtmäßig. Kaum ein Student hat aber die zeitlichen oder monetären Ressourcen, dagegen zu klagen, weshalb man von einer nicht zu unterschätzenden Dunkelziffer an quasi gezwungenen Studenten ausgehen muss. Das halte ich für eine Katastrophe, egal, wie oft oder selten so etwas vorkommt. Ironischerweise sind die ersten Gesetze, die im Zusammenhang mit dem Gendern erlassen wurden, keine Genderzwänge, sondern Genderverbote gewesen – beispielsweise in Bayern. Für mich erfordert es schon viel Phantasie, hier keine Doppelmoral zu erkennen.

Dass Gendern von einem Großteil der Bevölkerung nach wie vor abgelehnt wird, ist bekannt, ebenso kann die Forschung zur Verständlichkeit und zum Nutzen von Gendersprache noch keine verlässlichen Aussagen in die eine oder andere Richtung treffen, da sie noch in den Kinderschuhen steckt. Wer hier einwenden möchte, dass „Sprache Gedanken formt und das in diesem Experiment mit Kindern nachgewiesen wurde", soll sich bitte in Ruhe und möglichst ohne Confirmation-Bias die Studie und die Methodik dahinter anschauen. Das Experiment sagt definitiv nicht das aus, was du glaubst. Da sich das inzwischen sogar bis in linksextreme Kreise herumgesprochen hat, wird auch überhaupt nicht mehr versucht, die Sinnhaftigkeit oder der Nutzen des Genderns zu belegen – es wird einfach als moralisch richtig vorausgesetzt.

Es wird gegendert, weil es eine Haltung zeigt. Es wird gegendert, weil es ein Bewusstsein zeigt. Es wird gegendert, weil es der Gleichberechtigung hilft. Zumindest nimmt man das an. Das Urteil der Jury steht hier nach wie vor aus und es könnte durchaus sein, dass uns die Forschung in ein paar Jahren zeigt, ob und wie viel/wenig Gendern der Gleichberechtigung hilft oder nicht. Den Aktivisten heute ist das aber egal. „Wir sind jetzt überzeugt davon, weil es eine unserer Überzeugungen ist. Wir werden das gegen den Willen der Bevölkerung und ohne wissenschaftliche Belege zur Wirksamkeit so lange machen, bis alle mitmachen. Und wir werden die ächten, die es nicht tun. Denn es ist richtig, weil wir davon überzeugt sind." Meine Damen und Herren, ich präsentiere ein Dogma.

Was ist das Resultat? Bevor wir überhaupt herausfinden, welchen Sinn das Gendern haben könnte, wird die Ablehnung in der Bevölkerung immer stärker. Die Leute sind sogar so genervt davon, dass sich die Politik anmaßt, Verbote zu erlassen. Ich persönlich würde dem Gendern keine Träne hinterherweinen, weil ich nicht glaube, dass es etwas bringt, bzw. zumindest nicht glaube, dass es mehr positive als negative Begleiterscheinungen mit sich bringt. Beispielsweise erschwert das allen Gruppen das Leben, die sowieso schon mit der deutschen Sprache zu kämpfen haben (Nicht-Muttersprachler, Menschen mit Lernschwächen oder (Sprach-)Behinderungen, ältere Personen, ...).

Es ist anscheinend egal, ob etwas funktioniert oder ob es das bewirkt, was man sich ursprünglich mal überlegt hat. Es geht um das Prinzip, seine moralische Überlegenheit zu zeigen, seine ethische Fortschrittlichkeit. „Seht her, ich gendere – ich bin einer der Guten." Und wenn du das nicht tust, bist du moralisch schlechter und, höchstwahrscheinlich, ein Rechter. Ach, du als Legastheniker hast mit dem Gendern auch Probleme? Tja, es geht aktuell um eine marginalisierte Gruppe, die wir wichtiger finden, also ignorieren wir völlig arbiträr mal die Bedürfnisse deiner marginalisierten Gruppe.

Weil die logische Inkonsistenz derart frappierend ist, kann ich auch der vorgegebenen Motivation radikaler Verfechter der Gendersprache nicht wirklich glauben. Für mich sieht es nicht so aus, als möchte man die Welt für Menschen verbessern, sondern man möchte sich als möglichst progressiv inszenieren. Dass ein solcher Eindruck abschreckend wirkt, ist nicht verwunderlich. Wenn so etwas als repräsentativ für Linkssein gilt, dann rückt der große Teil der Bevölkerung von links in die Mitte und die Mitte nach rechts – weil sie denkt, die Linken wären verrückt geworden. Und wer freut sich? Die Neonazis und Frauenfeinde rechts außen, die Gendern auch blöd finden, nur halt aus den wirklich verwerflichen Gründen.

Jedenfalls habe ich meine Meinung dazu ausführlich in diesem Video dargelegt:

https://www.youtube.com/watch?v=JBhNQKFmStw&t=690s

Aber das ist nur Meinung und damit könnte ich falsch liegen. Genau hier sehen wir das Problem: Es wurde und wird ein nicht evidenzbasierter Aktivismus so lange penetrant geführt, bis sich die Gegner dazu hinreißen lassen, das ganze Prinzip gewaltsam einzustampfen. Wir sind damit keinen Schritt weiter in der Gleichberechtigung, keiner marginalisierten Gruppe ist durch diesen Pseudo-Aktivismus des Genderns irgendwie geholfen und wir sind als Gesellschaft noch weiter auseinandergedriftet – weil man auf ein unbewiesenes Dogma setzt, statt einen Dialog zu führen.

B) Kulturelle Aneignung

Kulturelle Aneignung *is a big no-no* für (extrem) linke Aktivisten. Es bezeichnet die unreflektierte Übernahme fremder Kulturelemente durch Mitglieder einer anderen Kultur. Insbesondere dann, wenn sich eine dominante Kultur bei einer marginalisierten Kultur bedient und sich gleichzeitig ahnungslos zeigt, was den kulturellen Kontext angeht. Demnach gilt bei kultureller Interaktion, auf das Machtgefälle und den nötigen Respekt zu achten. „*Wer* das bewertet? Gute Frage!" – schließlich gibt es nicht den einen Sprecher für jede Kultur, den man befragen könnte.

„Zum Glück" gibt es insbesondere Internetaktivisten, die meinen, uns das zuverlässig beantworten zu können. Begibt man sich auf bestimmte YouTube-Kanäle oder in gewisse Twitch-Streams, erklären einem vereinzelt Betroffene, meistens aber sogenannte Allies (also Verbündete), wie man sich in solchen Fällen angeblich zu verhalten hat. Überhaupt muss man höllisch aufpassen, wen man nach seiner Meinung befragt, denn selbst Betroffene sind manchmal doch nicht die richtigen Ansprechpartner – zumindest, wenn ihre persönliche Meinung von der akzeptierten Aktivisten-Meinung abweicht. Diese Abweichler werden dann als sogenannte „Token" abgetan.

Unter diesem Begriff versteht man sozusagen die „Quotenperson" aus einer marginalisierten Gruppe, der man vorwirft, durch ihre abweichende Meinung die negativen Einstellungen gegen diese Gruppe zu relativieren. Auf gut Deutsch bedeutet das: Vielleicht kennst du eine dunkelhäutige Person, die mit dem Wort „Neger" kein Problem hat. (Umschreibungen wie „das N-Wort" finde ich albern. Wir sind hier nicht bei Harry Potter und Du-weißt-schon-Wem. Wenn es um eine sachliche Auseinandersetzung mit einer schwierigen Thematik geht, sollten wir erwachsen genug sein, die Dinge zu benennen.) Dennoch wäre es unlogisch, daraus zu folgern, dass es okay ist, dieses Wort zu verwenden. Weil diese Person eben nicht für die gesamte Gruppe spricht. Logisch inkonsistent wird es aber dann, wenn dieselbe fehlerhafte Logik umgekehrt angewandt wird. Was ich damit meine, erkläre ich gleich – zunächst noch zum konkreten Beispiel, welches ich weder zufällig noch zur Provokation gewählt habe.

In einer faszinierenden Debatte zum Thema kulturelle Aneignung ging es unter anderem genau um dieses Thema. Ich war als Gast im „Mix-Talk", einem Onlineformat der ARD, eingeladen. In einem Segment des Gesprächs, in dem ich eher unbeteiligt war, sprachen zwei Schwarze darüber, ob es okay ist, dieses Wort zu verwenden. Besonders interessant dabei war, dass der Gesprächsteilnehmer, der das Wort unproblematisch fand, inhaltlich argumentiert hat, während der Gegner des Wortes seine Meinung nicht begründete, sondern die andere Meinung mit dem Totschlagargument, es sei eine „Token"-Meinung, entkräften wollte.

https://www.youtube.com/watch?v=RnND62CL8_Q&t=165s

Ich werde als unbeteiligter weißer Mensch nicht so tun, als hätte ich zu dieser speziellen Frage eine relevante Meinung, geschweige denn eine Expertise. Wer ein solch explosives Fass aber aufmacht, sollte zumindest die Reife haben, Position zu beziehen: Ich persönlich verwende das Wort nicht (höchstens im Kontext einer sachlichen Auseinandersetzung) und mir scheint, das ist vor dem Hintergrund des historischen Ballasts, den der Begriff transportiert, mehr als angemessen und ein Verzicht Ausdruck des gesunden Menschenver- und -anstands. Das macht mich aber nicht automatisch zu einem „Ally" oder jemandem mit Autorität zum Thema und ich finde es lachhaft, wie viele Internetaktivisten sich das regelmäßig bei schwierigen Fragen anmaßen. Und hier kommen wir zur Krux des Themas um „kulturelle Aneignung": Nicht in allen Fällen ist es eindeutig, wie man sich verhalten sollte.

Um es nochmals ausdrücklich zu sagen: Ich finde es befremdlich, wenn insbesondere weiße Menschen solche Begriffe verwenden. Es gibt einfach keinen Grund, einen solchen Begriff im Alltag zu verwenden – es gibt dadurch viel zu wenig Positives zu bewirken (höchstens die Angst vor Worten einzudämmen) und viel zu viel Schaden anzurichten. Bevor ich durch die Verwendung dieses Wortes viele Menschen provoziere oder gar verletze und tatsächlichen Rassisten Aufwind verschaffe, weil ich den Begriff mitsamt historischer Konnotation marginalisiere, lasse ich es lieber bleiben. Die Kosten-Nutzen-Rechnung ist für mich eindeutig. Ich verstehe aber, wenn jemandem diese Begründung nicht ausreicht, weil die Logik dahinter wacklig ist.

Diese Argumentation zieht sich durch fast alle Positionen, die linke (und extrem linke) Menschen vertreten: Wieso sollte ich X tun oder nicht auf Y verzichten, wenn es Betroffene schützt bzw. sie nicht verletzt? Es scheint für die Mehrheit der schwarzen Bevölkerung „nicht okay" zu sein, wenn dieser Begriff (insbesondere von weißen Menschen) verwendet wird. Entsprechend verzichte ich persönlich darauf und verstehe in dem Fall den Vorwurf der „Token-Meinung".

Das Problem ist, dass diese Denke nicht schablonenhaft auf alle anderen Probleme übertragbar ist, weil sich die Sachlage komplizierter darstellt. Was meine ich damit? Schauen wir uns ein Gegenbeispiel an: Eine der größten Bevölkerungsgruppen innerhalb der USA wird gemeinhin als „Latinos" bezeichnet, also Menschen, die ihre Wurzeln in Lateinamerika haben. Eine Kontroverse rund um die Bezeichnung von Hispanics in den USA entstand, als Aktivisten und Politiker, einschließlich Joe Biden im Wahlkampf, begannen, den Begriff „Latinx" anstelle von „Latino" zu verwenden. Der Begriff „Latinx" wurde als geschlechtsneutrale Alternative eingeführt, um inklusiver zu sein und Menschen, die sich nicht als männlich oder weiblich identifizieren, besser einzubeziehen.

Jedoch stellte sich heraus, dass viele Menschen innerhalb der Hispanic- und Latino-Gemeinschaft den Begriff „Latinx" überhaupt nicht gut fanden. Umfragen und Studien zeigten, dass nur ein sehr kleiner Prozentsatz der Gemeinschaft den Begriff tatsächlich verwendet, oder sich damit identifiziert. Viele empfanden ihn als unpassend und unnötig kompliziert, da er nicht aus der Gemeinschaft selbst stammte und deshalb eher akademisch oder elitär wahrgenommen wird.

Die Idee, „Latinx" zu verwenden, kam hauptsächlich aus akademischen Kreisen und von progressiven Aktivisten, die versuchten, eine inklusive Sprache zu fördern. Dabei wurde aber an der betroffenen Bevölkerung komplett vorbei akademisiert, weil sie mit den Präferenzen und der Sprachpraxis der Gemeinschaft nichts zu tun hatte. Während Bestrebungen zum Verzicht auf die Verwendung des Wortes „Neger" in meinen Augen völlig richtig waren, ist die Idee, den Begriff „Latino" verschwinden zu lassen, krachend gescheitert. Selbstverständlich sind die beiden

Begriffe nicht gleichzusetzen, denn Latino transportiert nicht ansatzweise den gleichen historischen und menschenverachtenden Ballast. Bei der Gegenüberstellung geht es mir um zwei andere Dinge: den Mechanismus und die Diskussion darüber.

In beiden Fällen folgt der Grundgedanke einer positiven Intention. Man möchte Sprache inklusiver und weniger verletzend machen. In dem einen Fall hat die Idee auch den Rückhalt der betroffenen Mehrheit (Schwarze), im anderen Fall aber nicht. Dennoch maßte sich eine akademische Minderheit an „Verbündeten" an, es besser zu wissen als die Betroffenen (Latinos) selbst, und deren Gegenstimmen wurden als „Token"-Meinung abgetan. Das zeigt: Das Totschlagargument der Tokenisierung zieht nicht immer – es muss, wie jedes gute Argument, kontextualisiert und mit Fakten belegt werden.

Aber was hat das nun alles konkret mit kultureller Aneignung zu tun? Ganz einfach: Diese beiden Extrembeispiele zeigen, wie sehr es auf den Einzelfall ankommt, ob wir etwas tun oder lassen sollten, und dass es nicht ausreicht, eine Position stumpf und stupide durchzuprügeln und Kritik von Betroffenen als „Token" und Kritik von Außenstehenden als „Rassismus" abzuschmettern. Nicht alles, was von manchen Betroffenen oder Verbündeten als kulturelle Aneignung empfunden wird, ist tatsächlich problematisch, egal, wie laut und massiv das behauptet wird. Auch der Begriff „Latinx" wurde von ein paar wenigen Betroffenen befürwortet – im Kontext dieser Diskussion vertraten dann aber sie die „Token-Meinung".

Echte Empathie will sich nicht selbst inszenieren, sondern sie will das Leben marginalisierter Gruppen verbessern. Schwarze haben unter dem Begriff und all dem, was er transportiert, gelitten – deswegen ist es aus meiner Sicht nur gut und recht, gegen die Verwendung anzukämpfen und der schwarzen Bevölkerung weltweit zu helfen. Wir sollten uns also bemühen, offen für Rücksichtnahme zu sein, wenn es wirkliche um die Anliegen von Menschen geht. Im Fall von „Latinx" sehen wir aber ganz eindeutig, wie falsch verstandene Hilfe marginalisierte Gruppen entmündigt. Eine akademische Minderheit hat beschlossen, den Latinos einen neuen Namen zu geben, weil sie anscheinend nicht in der Lage sind, für sich selbst über ihre Identität zu entscheiden. Das halte ich nicht nur für bevormundend, sondern für ungeheuerlich.

Ich verstehe das Anliegen derer, die sich gegen kulturelle Aneignung stellen. Marginalisierte Gruppen hatten und haben es in der Tendenz deutlich schwerer, als es beispielsweise die deutsche Mehrheitsgesellschaft in unserem Land hat. Wenn dann Aspekte der unterdrückten Kultur einfach achtlos gestohlen werden und sich darüber hinaus noch daran bereichert wird, kann ich durchaus verstehen, dass das manche Betroffene verletzt.

Aber heißt das, dass kulturelle Aneignung deshalb immer schlecht ist? Natürlich nicht. Ohne kulturelle Aneignung kann es keinen kulturellen Austausch geben. Heißt das, dass wir rücksichtlos alles an uns reißen sollten, egal, was Betroffene darüber denken? Nun ja, solange du dein Leben nicht wie ein Arschloch leben willst, heißt es das auch nicht. Es ist nicht pauschal zu beantworten, wie kulturelle Vermischung am besten funktioniert. Ein respektvoller Dialog hilft aber definitiv – ein Dialog, in dem nicht jede Stimme von der anderen Seite als „Token" diffamiert oder nach dem simplifizierten Konzept „Kulturelle Aneignung ist immer/nie schlecht" argumentiert wird.

Ist ein Sklavenkostüm inklusive Blackfacing am Kölner Karneval von einer weißen Person akzeptabel oder nicht? Ich denke nicht, aber das ist nur meine Meinung. Ist ein Indianerkostüm dagegen in Ordnung? Ich glaube schon, aber der Fall könnte in den USA, wo Native Americans historisch ausgebeutet und unterdrückt wurden, ein anderer sein. Ist es okay, wenn ich ein Restaurant mit fremdländischer Küche eröffne? Ich meine schon. Sollte ich mich über meine günstig produzierenden Lieferanten aus dem Herkunftsland zusätzlich bereichern? Ich denke nicht.

https://www.youtube.com/watch?v=FGZ3Fjz7yC8&t=318s

Ich kann und möchte keine abschließenden Antworten geben. Wir könnten zu jedem Beispiel potenzieller kultureller Aneignung bücherweise diskutieren und würden zu keinem pauschalen Fazit kommen. In diesem Video habe ich meine persönliche Liste an Parametern zusammengefasst, die man bedenken sollte, um der Antwort näher zu kommen, ob etwas tatsächlich kritisch ist oder nicht:

+	Kategorie	–
positiv (Lob, Bewunderung, ...)	Keine Intention	negativ (Kritik, Schmähung, Provokation, ...)
niedrig	Wissensstand	hoch
niedrig	Bildungsstand	hoch
niedrig	Diskriminierungsfaktor	hoch
Vergangenheit	Zeit	Gegenwart
indirekt	Bezug	direkt
informell	Situation	formell

Intention fragt danach, was ich beabsichtige, wenn ich einen Teil einer fremden Kultur übernehme. Es ist ein riesengroßer Unterschied, ob ich mich darüber lustig machen oder meine Bewunderung ausdrücken möchte. Wie ist mein Wissensstand? Weiß ich überhaupt, dass manche Menschen der fremden Kultur davon verletzt sein könnten, wenn ich etwas aus ihrer Kultur übernehme? Es ist ein riesengroßer Unterschied, ob ich keine Ahnung habe oder ob es mir scheißegal ist. Gleiches beim Bildungsstand: Wenn ich sämtlichen Geschichtsunterricht geschwänzt habe, kann man mir respektloses Verhalten wegen fehlenden Wissens eher nachsehen. Generell sollte jeder zusätzliche akademische Grad dazu befähigen, eigenständig zu recherchieren, und entsprechend kritischer ist es zu betrachten, wenn dennoch grundlegendes Wissen fehlt.

Diskriminierung ist auch nicht gleich Diskriminierung. Ja, für eine Einzelperson ist jede Diskriminierung schlimm und wir sollten ihre Gefühle berücksichtigen. Es gibt aber Unterschiede. Dass du in der Schule als „Kartoffel“ gemobbt wurdest, ist echt scheiße. Falls du schwul bist und als „Homo“ gemobbt und davon traumatisiert wurdest, ist schlimmer. Und vor dreißig Jahren war das in Deutschland noch sehr viel unangenehmer. Wenn sich eine Diskriminierung nicht „nur“ auf Einzelpersonen oder bestimmte Gruppen bezieht, sondern auf ganze Völker oder Ethnien, wird es noch mal extremer. Damit meine ich, dass auch die Zahl der Opfer einer bestimmten Art der Diskriminierung zählt. Entsprechend heißt das, im Diskriminierungsfaktor gibt es Unterschiede: Manche Dinge sind objektiv mehr, manche weniger bis gar nicht diskriminierend.

Zeit kann ebenfalls eine wichtige Rolle spielen. Ist das, was als historische Ungerechtigkeit gesehen wird, erst letzte Woche oder bereits vor tausend Jahren passiert? Zeit macht Dinge nicht besser oder ungeschehen, je weiter zurück oder geografisch entfernt sie liegen, desto geringer ist aber unsere persönliche Verantwortung. Und zu guter Letzt kann ich in meinen eigenen vier Wänden mehr oder weniger tun, tragen, essen oder sagen, was ich will – je mehr Leute situativ betroffen sind, desto bedachter sollte ich aber sein.

Auch diese Liste gibt keine eindeutige Antwort auf schwierige Fragen zu kulturellem Austausch und/oder Aneignung, aber sie kann uns eine Tendenz bezüglich der Bewertung unseres Verhaltens und das von anderen geben. Je mehr Häkchen ich hier auf der rechten Seite machen muss, desto eher sollte ich es vielleicht sein lassen.

Natürlich wäre es viel schöner, wenn alle Menschen in der Position wären, nicht von außen, schon gar nicht durch so etwas Banales wie ein Karnevalskostüm, getriggert zu werden. Es muss unser ultimatives Ziel sein, dass diese vermeintliche Überempfindlichkeit der Betroffenen und Aktivisten gar nicht mehr nötig ist. Das kann aber leider erst passieren, wenn wir Diskriminierung gänzlich aufgelöst haben. Und bis das so weit ist, noch der ultimative Ratschlag des australischen Comedians Jim Jefferies': *Try not to be a cunt.*

C) Cancel-Culture

Die in A) und B) behandelten Beispiele der Gendersprache und der kulturellen Aneignung sind beileibe nicht die einzigen Themen, um die sich woke Identitätspolitik dreht, und ich hätte genauso gut andere Beispiele wählen können. Aber ganz egal, um welches konkrete Anliegen es geht, das Resultat ist dasselbe: Der Mechanismus Cancel-Culture tritt in Kraft, sobald man einem dieser Dogmen nicht folgt. Aus meiner Sicht wird aber auch das Konzept Cancel-Culture häufig missverstanden bzw. der Begriff wurde und wird so häufig missbraucht, dass er beinahe jede Bedeutung verloren hat. Ähnlich wie bei den Begriffen „woke" oder „rechts" (siehe Kapitel V. „Links & Rechts") wird es ständig als Kampfbegriff genutzt. Es würde mich nicht wundern, wenn irgendwann die Euphemismus-Tretmühle greift und wir über die gleiche Sache unter neuem Namen streiten.

Der Begriff der Euphemismus-Tretmühle geht auf Steven Pinker zurück, kanadisch-amerikanischer Kognitionswissenschaftler, Psychologe und Sprachwissenschaftler, der an der Harvard University lehrt. Damit beschreibt er ein spezielles Phänomen der sprachlichen Bedeutungsverschiebung: Begriffe, die negativ konnotiert sind, werden durch einen neuen Begriff ersetzt, bis dieser neue Begriff die negativen Konnotationen übernimmt und wiederum ein neuer Begriff gefunden werden muss, der nicht negativ konnotiert ist.

In meiner Kindheit sprach man von „Behinderten", wenn es um Personen mit körperlichen oder geistigen Einschränkungen ging. Dieser Begriff hat seinen Vorgänger „Krüppel" abgelöst und ich würde wetten, dass es sich für einen Großteil der Leser sehr unangenehm anfühlt, dieses Wort überhaupt zu lesen – weil dieser Begriff heutzutage als extrem negativ und abwertend empfunden wird. Irgendwann galt „behindert" aber auch nicht mehr als angemessen, weil es eben den ganzen Ballast seines Vorgängers aufgesogen hat. Anschließend galt es dann als korrekt, über „Menschen mit Behinderung" zu sprechen. Zum Zeitpunkt dieser Zeilen sagt die Knigge von Links, man solle von „Menschen mit besonderen Bedürfnissen" sprechen, und ich muss kein Prophet sein, um vorherzusagen, dass in einigen Jahren ein neuer Terminus en vogue sein wird.

Es ist generell kein schlechter Gedanke, insbesondere Menschen, die es sowieso schon schwerer haben, sprachlich schützen zu wollen. Die Tatsache, dass es aber offenkundig unmöglich ist, einen Begriff zu finden, der gegenüber negativer Konnotation komplett resistent ist, zeigt sich aber ganz eindeutig an der Endlosigkeit dieses Prozesses. Hier stellt sich dann die Frage, wie sinnvoll es überhaupt ist, diesen Prozess in Gang zu setzen, wenn er sich einfach nur im Kreis dreht. Sicherlich könnte man argumentieren, dass eine gewisse Sprachsensibilität ins Bewusstsein der Gesellschaft tritt, wenn wir uns über die Kraft unserer Worte mehr Gedanken machen. Am Ende liegt es aber an uns als Individuen, die richtigen Schlüsse zu ziehen und marginalisierten Gruppen den gleichen

Respekt und Anstand zuteilwerden zu lassen wie allen anderen – und nicht daran, die scheinbar politisch korrekten Vokabeln auswendig zu lernen.

Aber wozu diese Einleitung? Das Phänomen der Euphemismus-Tretmühle soll an dieser Stelle eine Sache deutlich machen: Bezeichnungen ändern wenig an der Realität der Sache an sich. Im Gegenteil: Ständige Begriffsverschiebungen erschweren den Diskurs – das ist einer der Hauptgründe, weshalb ich in diesem Buch so viele Seiten darauf verwende, mein aktuelles Verständnis verschiedener Begriffe darzulegen. Viel zu häufig werden Diskussionen zerstört oder sind erst gar nicht möglich, weil man sich nicht darauf einigen kann, was Begriffe bedeuten. Und weil man sich nicht die Mühe machen will, den anderen wirklich zu verstehen, unterstellt man ihm entweder, dass er keine Ahnung hat oder dass er den Begriff „falsch" verwendet. Keiner der Vorwürfe hilft dabei, erfolgreich miteinander zu kommunizieren.

Interessanterweise führt die Euphemismus-Tretmühle auch oft zu etwas, was wir Cancel-Culture nennen könnten: Wer das letzte politisch korrekte Memo zu Begriff X verpasst hat, ist auf dem besten Wege, „gecancelt" zu werden. Anders formuliert: Sollte mein Buch in Zukunft auf dem Index landen, weil ich hier einen dann als problematisch geltenden Begriff verwende, wäre das zwar tragisch, würde aber auf ironische Weise exakt diesen Punkt beweisen. Wäre das dann schon Cancel-Culture? Es kommt darauf an, wie man den Begriff versteht und wie man ihn verwendet. Wenig überraschend haben Rechte und Linke eine völlig andere Vorstellung vom Begriff und deshalb ist jede Diskussion, die ich außenstehend zu dem Thema verfolgt habe, krachend gescheitert.

Aus dem rechten Lager tönt es häufig schon bei der leisesten Kritik für ein bestimmtes Fehlverhalten: „Das ist Cancel-Culture!", oder: „Heutzutage wird man für alles gleich gecancelt!", während von linker Seite oft behauptet wird, Cancel-Culture gäbe es gar nicht und sei lediglich ein rechter Kampfbegriff. Offensichtlich sind beide Standpunkte lächerlich – weder darf man „heutzutage gar nichts mehr sagen" noch „ist noch nie jemand gecancelt worden". Das Problem ist, dass das, was als Cancel-Culture bezeichnet wird, ein so großes Spektrum an möglichen Effekten abdeckt, dass es fast schon jegliche sinnvolle Bedeutung verloren hat.

Es besteht ganz eindeutig ein großer Unterschied darin, ob jemand für eine Aussage sachlich kritisiert wird oder ob jemand einen Shitstorm erlebt, der ihm jegliche Lebensgrundlage nimmt. Beides passiert ständig, jeden Tag. Wenn eine relativ unbekannte Person auf Facebook einen dämlichen Post absetzt und von ein paar anderen Nutzern dafür kritisiert wird, ist das Kritik und keine Cancel-Culture, auch wenn das oft reflexartig behauptet wird. Umgekehrt gibt es aber Fälle von unbekannten Menschen, deren Äußerungen auf sozialen Medien einen derartigen Shitstorm losgetreten haben, dass diese Leute „gecancelt" wurden – sie verloren ihren Job, ihre Beziehungen und wurden psychisch und teilweise sogar physisch massiv attackiert. Das ist eine leicht zu recherchierende Tatsache, weshalb Aussagen wie „Es gibt keine Cancel-Culture" nicht haltbar sind. Weist man Vertreter dieser Position auf diesen Umstand mit Verweis auf konkrete Beispiele hin, hört man in der Regel eine der beiden folgenden Antworten: „Ja, aber dieser Person hat es auch verdient", oder: „Sie wurde ja nicht *komplett* gecancelt."

Im realen Leben, aber insbesondere in den (sozialen) Medien gibt es unzählige Fälle, die in das breite Spektrum des Begriffs fallen. Sicherlich ist es dämlich, sich bei jedweder Kritik zu beklagen, man wäre Opfer der bösen Wokies mit ihrer Cancel-Culture. Es wurden schon immer Leute öffentlich kritisiert oder gar „gecancelt", wenn der Skandal nur groß genug war. Das ist nichts Neues. Der einzige Unterschied liegt darin, dass heutzutage jeder, der sich im Internet bewegt, mit jeder Äußerung theoretisch viral gehen und eine Lawine an Resonanz erfahren kann, der er nicht gewachsen ist. Auch hier gibt es aber wieder eine zweite Seite der Medaille: Auch nur durch das Internet können sich überhaupt so viele Leute kritisch zu Wort melden und selbst wenn man das Opfer einer vergleichbar großen Horde an Internetaktivisten wird, die einen „canceln" wollen, heißt das nicht automatisch, dadurch auch reale Konsequenzen befürchten zu müssen.

Wir haben also auf der einen Seite den reflexartigen Schutzmechanismus von Rechten, sich sogar bei sachlicher oder zumindest angebrachter Kritik hinter dem Vorwurf der Cancel-Culture zu verstecken und vom eigenen Fehlverhalten abzulenken. Umgekehrt tun Linke so, als wäre dieser Vorwurf nie angemessen, weil das a) schon immer passiert ist, b) wenn, dann verdient ist und c) niemand komplett gecancelt wurde.

Dem Otto Normalleser gebe ich folgenden Rat: Wer kein Feedback will, sollte seine Meinung nicht in der Öffentlichkeit und damit auch nicht im Internet kundtun. Wenn ich für meine Videos oder für dieses Buch kritisiert werde, egal, von wem und in welchem Ausmaß, muss ich damit leben können. Ich habe bewusst entschieden, mich ins Rampenlicht zu stellen. Sachliche oder unsachliche Kritik sind keine Cancel-Culture. Anders gestaltet es sich, wenn ich für ein harmloses Vergehen überproportional angefeindet werde. Stellen wir uns vor, in zehn Jahren ist die Formulierung „Menschen mit besonderen Bedürfnissen" so sehr verpönt, dass es als Hetze gegen diese Gruppe gilt. Wenn sich dann das halbe Internet auf mich stürzt, meinen Kanal auf YouTube schließen lässt, mich anzeigt und zur Gewalt gegen mich aufruft, weil ich die Formulierung in diesem Buch verwendet habe, wäre das definitiv ein Beispiel für Cancel-Culture.

Das mag absurd klingen, aber aus dem gleichen Prinzip wurden schon Statuen von historischen Personen abgerissen oder Schulen umbenannt – weil das Verhalten und die Überzeugungen dieser Menschen, auch wenn sie ihrer Zeit absolut angemessen waren, dem heutigen Moralverständnis nicht mehr entsprechen. Ironischerweise basieren viele identitätspolitische Ansätze auf Werken wie denen von Simone de Beauvoir. Im Eingangszitat zu diesem Kapitel wird ihre Grundhaltung deutlich, Moralvorstellungen nicht als absolut, sondern als abhängig von Zeit und Kontext zu verstehen.

Während de Beauvoir vermutlich intellektuell redlich genug gewesen wäre, anzuerkennen, dass ihre eigene Philosophie der stetigen moralischen Weiterentwicklung, konsequent zu Ende gedacht, zur nachträglichen Cancelung jeder Person, sie selbst eingeschlossen, führen müsste, geht diese Einsicht den modernen Moralaposteln ab. Sie übersehen, dass ihre Überheblichkeit gegenüber der Vergangenheit nichts mit einer tatsächlichen moralischen Überlegenheit, sondern nur mit ihrer kurzsichtigen und selbstherrlichen Arroganz zu tun hat.

Wer heute mit dem Cancel-Finger auf andere zeigt, muss konsequenterweise morgen nach dem gleichen Muster ebenfalls gecancelt werden, wenn er auch nur ein Iota abweicht von dem, was der tagesaktuelle moralische Standard eben vorgibt. Irgendwann kommt der Zeitpunkt, an dem man nicht mehr Schritt halten kann oder will und man fügt sich dann ein, in diese oder jene Splittergruppe der ursprünglich gleichen Bewegung. Man beginnt, sich aufgrund teils kleiner Details gegenseitig zu zerfleischen. Bereits Sigmund Freud hat dieses Muster als „Narzissmus der kleinen Unterschiede" bezeichnet.

Auch moderne Theorien in der Sozialwissenschaft, die sich mit *In-* und *Outgroups* beschäftigen, kommen zu vergleichbaren Annahmen. (Ingroups sind Gruppen, denen man sich zugehörig fühlt, Outgroups sind Gruppen, denen man sich nicht zugehörig fühlt.) Was wir in Religionen und ihren zahlreichen Konfessionen schon seit Jahrhunderten sehen, wird auch in Bewegungen wie dem Feminismus deutlich: Gestartet mit dem gemeinsamen Anliegen zur Gleichberechtigung der Frau, gelten Personen wie Alice Schwarzer aus der zweiten Welle des Feminismus schon lange nicht mehr als Helden, sondern unter Vertretern der dritten und vierten Welle weitestgehend als Persona non grata.

Nehmen wir ein weiteres konkretes Beispiel: J.K. Rowling. Der Harry Potter-Autorin wird seit Jahren Transfeindlichkeit vorgeworfen und sie sieht sich dadurch massiver Kritik ausgesetzt. Aus ihrer eigenen Perspektive ist sie wegen ihres Engagements für Frauenrechte Opfer der linken Cancel-Culture. Unabhängig davon, ob die Vorwürfe zutreffen oder nicht: Man streitet sich nicht nur inhaltlich, sondern auch über die Frage, ob Rowling nun gecancelt wurde oder nicht – weil beide Seiten ein völlig anderes Verständnis des Begriffs haben.

Ihre Unterstützer, meistens eher Menschen aus der konservativen Mitte der Gesellschaft bis ganz nach rechts außen, gehen von Cancel-Culture aus. In der Tat ist Rowling permanent öffentlichen Schmähungen, Beleidigungen und Aufrufen zur Gewalt gegen sie ausgesetzt, sowohl online als auch bei öffentlichen Auftritten. Zudem wurden ihr bestimmte Plattformen verweigert, bei Interviews, öffentlichen Events, Demonstrationen etc. Außerdem wurde auch zum Boykott ihrer (oder damit verwandter Werke) aufgerufen, den Büchern, dem Theaterstück, den Kinofilmen, den Themenparks und dem Videospiel „Hogwarts Legacy".

Ihre Gegner, meistens eher Menschen aus der progressiven Mitte der Gesellschaft bis ganz nach links außen, sagen entweder „Ja, sie wurde gecancelt, weil sie es als Transfeindin verdient hat" oder „Nein, sie wurde nicht gecancelt". Selbst wenn man zugesteht, dass Rowling tatsächlich transphob ist, überspringen diese Leute die wichtige Frage, wie viel „Canceln" für dieses Verbrechen angemessen ist. Ich beziehe hier keine Position, aber es ist durchaus schwierig zu beantworten, wie viel Hass und negative Konsequenzen für welches Vergehen angemessen sind.

In der Rechtsprechung bemisst sich die Strafe an der Schwere des Verbrechens. Ich werde anders verurteilt, wenn ich eine Packung Zigaretten oder ein Auto stehle. In dem Fall wird die Entscheidung durch ein ordentliches Gericht auf Grundlage des Gesetzes getroffen. Das ist, wenn auch nicht immer absolut fair, ein objektiv bewertbarer Rahmen. Beim Canceln ist das Maß völlig egal – denn die Person „hat es ja verdient". Und so wütet der Mob, unkontrolliert, losgelöst von sämtlichen Verhältnismäßigkeiten. Es ist an dieser Stelle völlig egal, welche konkreten Konsequenzen J.K. Rowling verdient oder nicht verdient hat. Wir könnten auch jedes andere Beispiel zur Hand nehmen, um den Punkt zu machen: Es sollte nicht an einem wütenden Mob liegen, zu entscheiden, wie weit die Hexenjagd geht und wie schnell der Scheiterhaufen angezündet wird.

Wer der Meinung ist, Rowling sei gar nicht gecancelt worden, argumentiert meistens auf der Basis, dass ihr weder die Lebensgrundlage noch ihre Plattform oder Reichweite genommen wurde. In der Tat wird Rowling immer noch auf eine Milliarde US-Dollar geschätzt und kann immer noch viele Menschen über ihre Kanäle oder öffentlichen Auftritte erreichen. Aber auch hier stellt sich die Frage, wer beurteilt, ab wann man als gecancelt gilt oder gelten darf. Wie viel Prozent meines Vermögens, meiner Reichweite oder meines Rufs muss ich dafür verlieren? Ab wann ist es genug? Welches Verbrechen ist wie zu sühnen? Kannst du das beantworten?

3. Was wir uns merken sollten

Im Endeffekt muss sehr viel passieren, bis eine Person vollständig gecancelt ist, ihr jede Plattform entzogen, der Ruf vollständig ruiniert und die gesamte Lebensgrundlage genommen wird (beispielsweise durch den Verlust des Arbeitsplatzes oder des Geschäftsmodells). Das heißt, in der

Realität wird das Problem faktisch überbewertet. Nur weil ein paar Idioten online fordern, man solle für ein bestimmtes Vergehen X Konsequenz Y erleiden, bedeutet das noch lange nicht, dass das auch eintritt.

Umgekehrt dürfen wir die Gefahren der verschiedenen Abstufungen der Cancel-Culture nicht ignorieren oder unterschätzen. Wer einem kleinen, mittleren oder großen Shitstorm ausgesetzt ist, leidet, je nach Persönlichkeit, psychisch wenig, etwas oder sehr darunter. Wessen Ruf auch nur angekratzt wird, kann, je nach beruflichem oder sozialem Standing, bereits drastische Konsequenzen haben. Wessen Existenzgrundlage angegriffen wird, ob durch monetäre, psychische oder gar physische Angriffe, leidet sicher in erheblichem Maße.

Wie angemessen die resultierenden Konsequenzen tatsächlich sind, lässt sich a) kaum objektiv bemessen und b) ist es leider völlig egal – schließlich ist auch der mit digitalen Mistgabeln und medialen Fackeln bewaffnete Mob keine homogene und organisierte Gruppe, die systematisch gesteuert vorgeht, sondern eher ein wild wucherndes, wütendes Konglomerat an Emotionen, in toxischer Weise verknüpft und hochgejazzt durch die Sensationsgeilheit der Algorithmen und der ungebrochenen menschlichen Natur, öffentliche Hinrichtungen zu genießen.

So zu tun, als gäbe es keine Cancel-Culture, ist naiv. Zu behaupten, jeder würde heutzutage für jede Kleinigkeit gecancelt werden, ist absurd. Der Aufruf, jemanden aufgrund einer Lappalie zu canceln, ist genauso dämlich, wie jeden solcher Einzelaufrufe zum Paradebeispiel der allgegenwärtigen Cancel-Culture zu stilisieren.

Es sollte Folgendes deutlich geworden sein: Die Bewertung dessen, was Cancel-Culture ist oder nicht, fällt je nach Standpunkt und Interpretation des Begriffs völlig unterschiedlich aus. Aber ganz egal, wie wir das Spektrum von öffentlicher Kritik bis hin zur vollständigen Exilierung einer Person bezeichnen, wir werden nicht umhinkommen, jeden Einzelfall und die angemessene gesellschaftliche Reaktion darauf zu diskutieren. Weder „Es gibt keine Cancel-Culture“ noch „Man wird für alles gecancelt“ erfüllt in dieser Diskussion die Mindestanforderung an eine ernst zu nehmende Position.

XI. Bumerang

„Das Wohl des Volkes war schon immer die Ausrede der Tyrannen."

(Albert Camus, französischer Philosoph, 1913 – 1960)

Im Verlauf des letzten Kapitels wurden konkrete Ausprägungen der Identitätspolitik thematisiert und deren Sinnhaftigkeit und/oder Wirksamkeit infrage gestellt. Selbst wenn wir eine positive Intention hinter all den Bemühungen unterstellen und selbst wenn wir akzeptieren, dass man dadurch möglicherweise wirklich positive Effekte erzielen kann (ich bezweifle es, bin als Skeptiker aber offen gegenüber entsprechenden Ergebnissen aus zukünftigen Metaanalysen und Langzeitstudien), muss ich dennoch konstatieren: Identitätspolitik hat definitiv ihre Nebenwirkungen.

Meiner Einschätzung nach sind diese Nebenwirkungen sogar weitaus bedenklicher und gefährlicher als sämtliche positive Effekte, real oder imaginiert. Diese Einschätzung ist einer der offensichtlichen Hauptgründe für meine Motivation zum Schreiben dieses Buches. Meine These lautet: Identitätspolitik ist nicht nur unzureichend für ihr eigentliches Ziel, sie bewirkt in einer Art Bumerang-Effekt sogar das Gegenteil. Schon die beiden renommierten Politikwissenschaftler Ronald Inglehart (University of Michigan) und Pippa Norris (Harvard Kennedy School) haben den Begriff des „Cultural Backlash" geprägt. Diese Theorie besagt, dass schnelle gesellschaftliche Veränderungen hin zu progressiveren Werten eine Gegenreaktion bei Teilen der Bevölkerung auslösen.

Entsprechend bin ich in meiner Beobachtung dieses Effekts weder der Erste noch der Einzige. Mein Beitrag soll im Folgenden sein, den Effekt speziell für die deutsche Gesellschaft herauszuarbeiten – und darzulegen, warum Identitätspolitik, egal, wo, inhärent falsch ist. Sie ist leider kein bunt bemaltes Stöckchen, das wir auf gut Glück aus dem Fenster werfen, in der Hoffnung, dass es im Garten der Gesellschaft eine sinnvolle Funktion erfüllt oder wenigstens schön aussieht, sondern ein Bumerang, der unkontrollierte Kreise zieht, dabei eher Rosen als Unkraut beschneidet und am Ende wieder in unserem eigenen Fenster einschlägt.

Wie in Kapitel X. „Identitätspolitik" beschrieben, zielen identitätspolitische Anliegen in der Regel entweder darauf ab, marginalisierten Gruppen durch proaktive Maßnahmen zu helfen (Gendersprache, Quotenregelungen, Förderprogramme, Awareness-Kampagnen, Safe-Spaces, Triggerwarnungen etc.) oder sie durch gebotene Verhaltensänderungen der Gesellschaft zu schützen (kulturelle Aneignung vermeiden, Stereotypisierung unterlassen, Mikroaggressionen vermeiden, sensible Sprache nutzen etc.).

All diese Bemühungen sind, isoliert betrachtet, nette Ideen. Der oberflächlichste Kritikpunkt lautet, dass „Maßnahme X oder Verhaltensänderung Y das Ziel Z aber alleine auch nicht erreicht". Eine sehr offensichtliche Beobachtung, die aus konservativen Kreisen häufig als vermeintlich brillante Widerlegung der ganzen Unternehmung bemüht wird. Tatsächlich denken die wenigsten „Wokies" so simpel. Kaum einer denkt, dass Gendern allein die Gleichberechtigung bringt. Ihrer Ansicht nach sind das kleine Stellschrauben, die wir als Gesellschaft verhältnismäßig leicht drehen können, um in Summe einen großen Effekt zu erzielen.

Wie klein diese Stellschrauben sind, wie leicht sie sich drehen und wie groß der erwartete Effekt ist, sei dahingestellt. Über jeden dieser Aspekte könnte man anhand unzähliger Beispiele trefflich diskutieren, was ich anhand zweier konkreter Beispiele im letzten Kapitel demonstriert habe. Viel interessanter, weil eindeutiger und weniger trivial, ist aber der folgende Einwand: Identitätspolitik wirkt nicht in einem Vakuum. Das meinte ich anfangs dieses Abschnitts, als ich von Nebenwirkungen sprach. Konkret lassen sich diese Nebenwirkungen in vier Kategorien unterteilen: Diskriminierung, Viktimisierung, Entfremdung und Radikalisierung.

A) Diskriminierung

Im Bemühen, bestimmte Gruppen besonders zu fördern oder zu beschützen, verfallen Aktivisten selbst in diskriminierende Muster. Die offensichtliche Diskriminierung richtet sich gegen all jene, die nicht zur konkret zu beschützenden oder geförderten Gruppe gehören. Rein von der Definition her betrachtet, bin beispielsweise ich als gesunder Mann im Straßenverkehr Benachteiligungen ausgesetzt – die besten Parkplätze werden mir in der Regel vorenthalten (Frauen- und Behindertenparkplätze).

Allein das reicht für Kritiker oft schon, solcherlei Bemühungen als unsinnig zu verwerfen; schließlich passiert genau das, was eigentlich vermieden werden soll: eine ungleiche Behandlung aufgrund von Merkmalen, auf die Menschen keinen Einfluss haben. Allerdings bin ich nicht der Meinung, dass mit dieser Argumentation all solche Bemühungen ad absurdum geführt werden. Denn gerade im gegebenen Beispiel ist der Kerngedanke nicht, Männer zu diskriminieren, sondern hilfe- oder schutzbedürftige Menschen zu unterstützen.

Ja, rein logisch diskriminieren solche Regelungen gesunde Männer – ein argumentativer Touchdown ist das trotzdem nicht. Offensichtlich kann man sich als gesunder Mann glücklich schätzen, allein aus dieser Tatsache heraus weder auf Hilfe, wie bei einem Behindertenparkplatz gegeben, noch auf Schutz, wie bei einem Frauenparkplatz gegeben, angewiesen zu sein. Es ist Fakt, dass Menschen mit Behinderung im Alltag benachteiligt und Frauen größerer Gefahr in öffentlichen Räumen ausgesetzt sind. Hier auf dem prinzipiell korrekten Recht der Gleichberechtigung zu beharren, wenn man offensichtlich den Jackpot gezogen hat, ist pedantisch und albern.

Selbstverständlich kann das Prinzip der Bevorzugung gewisser Individuen oder Gruppen auch in relevanter Weise diskriminierend wirken. Es wird deutlich schwieriger, zu argumentieren, weshalb beispielsweise Frauen- oder Migrantenquoten nicht sexistisch oder rassistisch sind. Richtig, auch hier liegt der Gedanke zugrunde, benachteiligten Menschen zu helfen. Aber in solchen Fällen ist es sehr viel unklarer, ob und wie stark Frauen in Ländern wie Deutschland nach wie vor gegenüber Männern benachteiligt sind oder nicht.

Zur Beantwortung dieser Frage müssen vielmehr weitere Faktoren berücksichtigt und analysiert werden. Die anhaltenden Diskussionen um jeden einzelnen der wichtigen Parameter (z. B. (bereinigter) Gender-Pay-Gap, Bildung, Lebenserwartung) zeigt zumindest meinen Punkt: Hier wird es sehr viel weniger eindeutig als beim Beispiel Parkplätze. Die daran anschließende Frage lautet: Wie viel Sexismus ist in die eine Richtung erlaubt, um Sexismus auf der anderen Seite zu kompensieren? Wer von fünfzig Prozent als offensichtliche Lösung und Antwort ausgeht, muss sich die Frage gefallen lassen, weshalb es dann nicht auch eine entsprechende Quote für Frauen in gefährlichen Jobs geben müsste (etwa auf Bohrinseln oder an der Front).

Es ist auch nicht selbsterklärend, ob historischer Sexismus gegen Frauen eine ausreichende Begründung für heutigen Sexismus gegen Männer sein kann. Ich halte diese Position rein logisch für nicht haltbar, aber selbst wenn wir das außer Acht lassen, stellt sich die Frage, wie viel oder wie lange eine umgekehrte Bevorzugung bzw. Benachteiligung angemessen ist. Wer soll das entscheiden? Das sind schwierige Fragen, die man fast eins zu eins auf andere Themen wie Rassismus, Homophobie, Transfeindlichkeit, Antisemitismus, Islamophobie und so weiter übertragen könnte. All diesen Maßnahmen, ob sie nun angemessen sind oder nicht (was, wie eben beschrieben, aus meiner Sicht sowieso nicht objektiv zu beantworten ist), haben eines gemeinsam: Sie betonen gerade die Unterschiede, statt sie abzubauen.

Beispiel: Antirassismus. Aktivisten stellen fest, Schwarze wurden und werden aufgrund ihrer Hautfarbe diskriminiert. Sie fordern deshalb, Schwarze müssten besonders geschützt und gefördert werden. Die Folge: Menschen werden in Hautfarben unterteilt und aufgrund dessen unterschiedlich behandelt.

Beispiel: Feminismus. Aktivisten stellen fest, Frauen wurden und werden aufgrund ihres Geschlechts diskriminiert. Sie fordern deshalb, Frauen müssten besonders geschützt und gefördert werden. Die Folge: Menschen werden in Geschlechter unterteilt und aufgrund dessen unterschiedlich behandelt.

Beispiel: LGBTQ+-Rechte. Aktivisten stellen fest, LGBTQ+-Personen wurden und werden aufgrund ihrer sexuellen Orientierung und Geschlechtsidentität diskriminiert. Sie fordern deshalb ...

Die Zirkularität dieser Argumentation sollte offensichtlich sein. Wir beginnen mit dem Problem der Diskriminierung aufgrund eines bestimmten Merkmals und bekämpfen diese Diskriminierung mithilfe der gleichen Methoden aufgrund des gleichen Charakteristikums. Das kann weder logisch noch praktisch der richtige Ansatz sein. Wer mir in meiner Schlussfolgerung widerspricht, muss der Überzeugung sein, dass all das trotzdem richtig ist, weil marginalisierte Gruppen priorisiert werden müssen – wenn es sein muss, auch überproportional und auf Kosten anderer – weil sie Opfer unserer Gesellschaft sind.

B) Viktimisierung

Damit sind wir bei der zweiten Nebenwirkung der Identitätspolitik: Wir helfen marginalisierten Gruppen nicht, sondern wir machen sie zu Opfern. Das mag auf den ersten Blick kontraintuitiv klingen, schließlich möchten wir sie ja aus ihrer Opferposition befreien – und genau hier liegt schon der Denkfehler, weil wir diese Menschen als Opfer ihrer Identität betrachten!

Ja, in der Vergangenheit, und in vielen Bereichen auch noch heute, sind Menschen in Deutschland benachteiligt, wenn sie nicht männlich und nicht weiß sind. Im Idealfall heißt man darüber hinaus noch Thomas Müller oder Matthias Albert Narr. Das ist eines der vielen Privilegien, wenn man der sogenannten „hetero-normativen Mehrheitsgesellschaft" angehört. „Kenne dein Privileg", wird Leuten wie mir eingebläut.

Weil mir aufgrund meiner Privilegien alles auf Kosten marginalisierter Menschen zugeflogen ist, muss ich nicht nur Abbitte leisten, sondern den Opfern helfen – zumindest lautet so die Losung unter vielen Online-Aktivisten. Das Dogma geht weiter: Nur wenn man verstanden hat, wie rassistisch und sexistisch unsere Gesellschaft wirklich ist, hat man es geschafft: Man ist in den moralischen Olymp aufgestiegen, von dem aus man in einer endlosen Selbstherrlichkeit Betroffenen permanent einredet, sie seien Opfer; und allen anderen, sie seien Täter.

Du fühlst dich nicht als Täter? Dann bist du ganz eindeutig Opfer deines intrinsischen Sexismus, Rassismus etc. und solltest schleunigst an deinem Täterbewusstsein aufgrund deiner Privilegien arbeiten. Du fühlst dich nicht als Opfer? Dann bist du ganz eindeutig Opfer deiner eigenen Ignoranz und solltest schleunigst anerkennen, dass du dich über deine Opferidentität definieren solltest. Dass ich diese Sätze sarkastisch wiedergebe, sollte deutlich sein. Traurigerweise sind die Formulierungen nicht mal übertrieben – für viele Aktivisten sind Sätze wie diese eine Art Glaubensbekenntnis.

Wenn wir auf der einen Seite annehmen, gewisse Dinge seien ein Privileg oder Bonus, dann folgt daraus, dass ein Mangel dessen eine Art Malus ist. Du bist nicht männlich? Du bist nicht hetero? Du bist nicht weiß? Du bist nicht gesund? Du bist nicht schön? Du bist nicht reich? Du bist ungebildet? Du bist nicht schlank? Du hast keinen deutschen Namen? Wenn eines dieser Merkmale auf dich zutrifft, bist du ein Opfer. Und wenn viele oder alle dieser Merkmale auf dich zutreffen, dann bist du das absolute Vollopfer. Herzlichen Glückwunsch! Du hast das Intersektionalitätsbingo gewonnen!

Zur Erläuterung: Intersektionalität bezeichnet eine Theorie, nach der untersucht wird, wie verschiedene Formen der Diskriminierung sich überschneiden und aufeinander wirken. Intersektionalität berücksichtigt mehrere soziale Kategorien wie Rasse, Geschlecht, Klasse, sexuelle Orientierung, Behinderung und mehr. Im Prinzip folgt die Theorie in ihrer einfachsten Auslegung einem kumulativen Ansatz. Das heißt: Es sei anzunehmen, dass sich Diskriminierung aufsummieren lässt. Entsprechend müsste ein schwuler Mann „nur" homophober Diskriminierung ausgesetzt sein, während eine lesbische, schwarze, behinderte Frau vermutlich ebenfalls mit Homophobie, darüber hinaus aber auch mit Rassismus, Ableismus und Sexismus zu kämpfen hat.

Problematisch ist dieser Teil des Identitätsbumerangs aus meiner Sicht nicht auf der theoretischen Ebene. Es mag durchaus sein, dass sich Diskriminierung prinzipiell so beschreiben lässt, auch wenn es aufgrund der Komplexität realer Zustände schwer bis unmöglich ist. Das Problem liegt noch viel offensichtlicher auf der praktischen Ebene: Sie hilft erstens niemandem weiter und zweitens verstärkt sie das Problem. Warum?

Die Chance ist groß, dass du als Leser in irgendeine soziale Kategorie fällst, deretwegen man diskriminiert werden könnte. Höchstwahrscheinlich hast du deshalb auch irgendwann mal in deinem Leben reale Diskriminierung deshalb erfahren. Und selbst wenn du ein privilegierter, weißer Cis-Mann bist wie ich, versuche dir, die Situation vorzustellen. Nützt es dir, dich stets daran zu erinnern, was dich in deinem Leben vielleicht behindert? Hilft es dir, täglich darüber nachzudenken, ob du gerade diskriminiert wurdest? Bringt es dich weiter, wenn dir permanent eingeredet wird, du seist ein Opfer des Systems, weil du schwarz, schwul oder trans bist? Weil du weder Geld noch Bildung hast und Mustafa statt Michael heißt?

Der Punkt ist nicht, zu bestreiten, dass es Diskriminierung gibt. Verdammt, es gibt noch eine Menge Diskriminierung in unserer Gesellschaft. Natürlich ist es für Alexander leichter, eine Wohnung zu finden, als für Ahmed. Ein Bewusstsein dafür sowie für die eigenen Privilegien zu haben, ist eine gute und wichtige Sache. Es hilft aber weder der Gesellschaft noch den Betroffenen, sie ständig daran zu erinnern, was sie von anderen unterscheidet. Ihnen einzureden, Aspekt X sei alles, was sie definiert.

Wir vermitteln ihnen damit fälschlicherweise, sie könnten nichts ändern. Sie sind für immer Opfer, weil sie X, Y oder Z sind. Wir gaukeln ihnen vor, unsere Hilfe zu brauchen, weil sie ihr Leben nicht selbst verbessern können. Wir sagen: Egal, was dir widerfährt, es geschieht, weil du ein Opfer bist. Das ist keine Hilfe, das ist Entmündigung. Das ist kein moralisches Verhalten, das ist menschenverachtender, schon in sich diskriminierender Bullshit, weil wir diskriminierte Menschen für immer viktimisieren, indem wir ihnen jegliche Handlungsfreiheit und Autonomie absprechen. Wir belügen sie mit dem gefährliche Narrativ, ihre Lebensrealität würde einzig durch ihre Diskriminierungserfahrungen definiert.

C) Entfremdung

Die Folge der ersten beiden Komponenten des identitätspolitischen Bumerangs ist eine eindeutige Entfremdung innerhalb der Gesellschaft, und das gleich auf mehreren Ebenen. Ausgezogen, um Diskriminierung zu bekämpfen, bedienen sich „Wokies" selbst diskriminierender Methoden und separierendem Denken. Es ist für mich nicht zu erkennen, worin sich Rechte und Linke hier unterscheiden, denn folgender Gedanke könnte aus beiden Lagern stammen: „Ich nehme diese Person als zugehörig zu Gruppe X wahr und behandle sie deshalb besser als jemanden aus Gruppe Y."

Man setze für die Variablen Y und Z eine identitätspolitische Variable seiner Wahl ein (Herkunft, Geschlecht, sexuelle Orientierung, sozialer Status, Religion usw.) – das Argument funktioniert immer. Und es ist immer diskriminierend. Es gibt kaum einen besseren Indikator für die Schwäche eines Arguments, wenn die Termini beliebig ausgetauscht werden können und das Argument strukturell immer noch funktioniert.

Offensichtlich könnte man einwenden, dass sich woke Menschen für die Belange marginalisierter Gruppen einsetzen und damit eine moralisch bessere Position vertreten als ein rechts-konservativer Rassismus, Sexismus etc., der sich für den Erhalt bestehender Strukturen einsetzt. Ich behaupte, der Zweck heiligt nicht die Mittel, und habe in den vorausgehenden Abschnitten dieses Kapitels erklärt, weshalb ich diesen Ansatz generell für problematisch halte. Ob man meine Einschätzung teilt oder nicht, es geht um diese Beobachtung: Links und Rechts bewegen sich voneinander weg.

Das klingt trivial, ist aber trotzdem wichtig, denn es entspricht nicht dem Ideal gesellschaftlichen Fortschritts. Nehmen wir an, unser Ziel wäre, jedes einzelne Individuum der Gesellschaft mitzunehmen, sodass jeder in der Gesellschaft ähnliche Werte teilt. Das wäre nur möglich, wenn alle ein ähnliches Tempo gehen würden. Wären manche Progressive zu forsch, würden sie aus der Gesellschaft als zu extrem ausbrechen. Umgekehrt würden Konservative, die zu traditionell sind, aus der Gesellschaft rausrutschen.

In der Realität ist es natürlich so, dass sich Splittergruppen, die zu extrem sind, von selbst disqualifizieren und aus der Gesellschaft ausschließen, siehe beispielsweise die Reichsbürgerbewegung. Diese erkennen die Bundesrepublik Deutschland nicht an und können deshalb, per Definition, nicht mehr Teil dieser Gesellschaft sein. Es ist also sicherlich richtig, bestimmte Ansichten und Werte als Gesellschaft zu verlieren – auch wenn es bedeutet, dass sich manche Menschen in mindestens skurrile, manchmal sehr gefährliche Parallelgesellschaften flüchten. Wir müssen uns aber auch einig sein, dass es hier eine Grenze gibt. Wenn wir zu viele Ansichten und Werte ausschließen, bilden sich so viele eigene Bewegungen und Gruppierungen, bis es überhaupt keine nennenswerte Gesellschaft mehr geben kann.

Wie wäre das optimale Verhältnis? Links- und Rechtsextreme haben hier eindeutige Antworten. Ihre Dogmen helfen ihnen, diese schwierige Frage zu bewältigen. Bei den Neo-Nazis geht es um das Dogma Herkunft und Abstammung, weil man nach wie vor den Hirngespinsten einer überlegenen deutschen Ethnie und Kultur anhängt. Wer das anders sieht, oder, noch viel schlimmer, dem nicht entspricht, ist raus – im wahrsten Sinne des Wortes. Linksextreme beten dir ihre politisch korrekten Dogmen vor und wenn dir das an irgendeinem Punkt zu weit geht, bist du kein Verbündeter mehr, sondern wirst mindestens kritisiert, häufig beleidigt, manchmal bekämpft und im Extremfall gecancelt.

Dem (zum Glück deutlich größeren) Rest der Gesellschaft bleibt dann die anstrengende Rolle des Erwachsenen, zu erkennen, dass sich die Komplexität der modernen Welt nicht auf ein paar infantile Slogans herunterbrechen lässt, sondern es stattdessen bitter notwendig ist, das angemessene Gleichgewicht zwischen Fortschritt und Stabilität täglich im politischen und gesellschaftlichen Diskurs auszutarieren. Aber diese Aufgabe wird immer schwieriger, je stärker die Ränder der Gesellschaft an ihr zerren. Je schneller und weiter sich links und rechts voneinander wegbewegen, desto größer die Entfremdung.

Diese Entfremdung betrifft aber selbstverständlich nicht nur die Ränder des politischen Spektrums. Je weiter sich dieses Spektrum mit all seinen möglichen Positionen, Ansichten und Werten wie ein Kaugummi auseinanderzieht, desto weiter voneinander entfernt sind wir alle. Auch gemäßigte Linke sind weiter entfernt von gemäßigten Rechten als jemals zuvor. Das lässt sich leicht daran belegen, wie viele Kleinkriege sich in eigentlich sehr homogenen Gruppierungen abspielen. Wenn sich schon ideologisch gleichdenkende Personen in vielen Punkten nicht mehr einig werden, wie soll das gesamtgesellschaftlich gelingen?

Erfolgreich bewältigen lässt sich diese immense Herausforderung nur, wenn wir miteinander reden. Wenn wir uns respektvoll zuhören und uns die Zeit nehmen, den anderen wirklich zu verstehen. Wie in Kapitel II. „Bias" dargelegt, können wir unser Unwissen und unsere blinden Flecken nur bekämpfen, wenn wir uns mit den anderen Argumenten beschäftigen und ehrlich auseinandersetzen. Doch dafür ist die teils reale, teils übertriebene, Furcht vor der Cancel-Culture zu groß. Ein weiterer Bumerang-Beschleuniger.

Doch damit ist es leider noch nicht genug. Durch eindeutige Rückkopplungseffekte wird die Entfremdung beschleunigt, und zwar exponentiell. Dieser Effekt wurde nirgends eindrücklicher dargestellt als im großartigen South-Park-Special „Joining the Panderverse". Über diese Episode habe ich in einem Video und einem Interview für „Perspective Daily" ausführlich gesprochen und den Effekt als reaktionäres Pingpongspiel beschrieben:

https://www.youtube.com/watch?v=2Bd7vblTmQU

https://perspective-daily.de/article/2852-alles-woke-was-du-ueber-den-kampfbegriff-und-die-kritik-daran-wissen-musst/G4igOGza

Als kurzer Abriss: Hauptcharakter Eric Cartman hat panische Angst davor, würden durch all seine Lieblingscharaktere aus Filmen und Serien durch diverse Alternativen ersetzt werden. Er symbolisiert damit die Kritiker aktueller Hollywood- und Entertainment-Bemühungen, marginalisierte Gruppen mehr zu repräsentieren. Diese Tendenz wird durch Disney-

Executive Kathleen Kennedy personifiziert, deren einzige Antwort auf Kritik lautet, den nächsten Film noch diverser zu besetzen. Durch die mehr und mehr erzwungenen Diversitätsbemühungen der Studios leidet die Qualität der Filme weiter und weiter, mit dem Ergebnis, dass die Kritik durch Cartman immer hasserfüllter und menschenverachtender wird. Was wiederum Kennedy dazu veranlasst, noch mehr Diversität zu predigen, um dem Hass entgegenzuwirken. Exakt diese Abwärtsspirale sehen wir gesamtgesellschaftlich, wenn Aktivismus nach hinten losgeht.

Ganz allgemein: Ich befürworte Aktivismus für neue Ideen – wie sonst sollen diese in den öffentlichen Diskurs finden, diskutiert und, sofern die Resonanz positiv ist, umgesetzt werden? Entscheidend ist aber nicht nur, wofür, sondern auch, wie Aktivismus betrieben wird.

Beispiel: Veganismus. Rund um diese Diskussion ist die Eskalationsspirale, wie bei South Park parodiert, traurige Wahrheit. Neben unzähligen stillen Veganern, die lediglich versuchen, nach ihrer Überzeugung zu leben, gibt es auch Aktivisten, die mehr oder weniger extrem agieren. Kritik richtet sich mehrheitlich gegen einen Teil der veganen Community, die derart penetrant und im bekannten Fall der Militanten Veganerin beinahe schon ekelhaft auftritt, dass es der Bewegung sogar mehr schadet als nützt.

Es gibt Hinweise und konkrete historische Beispiele dafür, dass disruptiver Aktivismus funktionieren kann. Diese Art Aktivismus setzt auf drastische und oft konfrontative Taktiken, um soziale und politische Veränderungen zu bewirken. Umgekehrt gibt es aber auch gewichtige Gegenargumente gegen Aktivismus dieser Art – eins davon ist die sogenannte Reaktanz. Reaktanz beschreibt die psychologische Tendenz des Menschen, sich gegen etwas zu stellen, das seine Freiheit einschränkt. Diese (begründete oder unbegründete) Angst kann sogar dazu führen, dass sich ursprünglich neutrale oder sogar wohlwollende Personen gegen eine Bewegung stellen.

Wenn wir also Aussagen von Menschen hören oder lesen, sie würden gerade wegen nerviger Veganer ein weiteres Steak auf den Grill schmeißen, dann ist das Reaktanz. Und wenn Veganer dann denken, sie müssen einfach radikaleren Aktivismus betreiben, um gegen diesen erhöhten Fleischkonsum anzukämpfen, und unser Hobby-Griller dann entnervt, aber trotzig ein weiteres Steak nachlegt, befinden wir uns inmitten des reaktionären Pingpongspiels, das South Park offengelegt hat. Es wäre Realsatire, wenn es nicht so traurig wäre.

Ich ergreife hier keine Partei für oder gegen (disruptiven) Aktivismus. Vielleicht ist es in der Gesamtheit richtig, entsprechende Awareness durch solche Maßnahmen zu schaffen. Vielleicht wäre es besser, dem Durchschnittsbürger erst mal einen fleischfreien Tag pro Woche schmackhaft zu machen, dann zwei und so weiter. Ich bin kein Aktivismus-Forscher. Alles, was ich hier zeigen will, ist Folgendes: Die konkurrierenden Parteien nähern sich durch den Aktivismus nicht an, sie entfremden sich. Selbst wenn die Reaktanz nicht bei jedem zur zugegeben dämlichen Reaktion führt, aus Trotz mehr tierische Produkte zu konsumieren, so stellt sich doch der ein oder andere sicherlich die Frage: Wenn im Team Tierschutz so viele Irre mitlaufen, kann ich denen überhaupt trauen?

Nun mag das Veganismus-Beispiel nicht mit jedermann räsonieren, also machen wir es am **Beispiel Klimaschutz** noch konkreter. Ein Thema, das uns, im Gegensatz zum Tierschutz, wirklich alle umtreibt. Ich würde behaupten, so gut wie niemandem wäre es egal, wenn der Planet tatsächlich vor die Hunde geht, und die meisten Menschen akzeptieren den menschengemachten Klimawandel auch als Fakt. Kritiker der Klimapolitik und des Klima-Aktivismus stellen sich eher andere relevante Fragen, als tatsächlich den Klimawandel zu leugnen (siehe Kapitel IX. „Sloganisierung").

Eine Mehrheit in der Bevölkerung lehnt disruptiven Aktivismus wie den der sogenannten Klimakleber ab. Menschen, die sich auf Straßen und Autobahnen festkleben und den Verkehr behindern, sind für viele das Sinnbild des fehlgeleiteten Klima-Aktivismus geworden. Es gibt valide Einwände gegen diese Art von Protest, von wirtschaftlichen bis zu körperlichen Schäden ist alles dabei – insbesondere wenn Rettungsfahrzeuge nicht passieren können. Für die Klimakleber sind diese Kollateralschäden aber nichtig, da es in ihrer Weltanschauung, die von einer unmittelbar bevorstehenden Klimakatastrophe ausgeht, für andere Maßnahmen zu spät ist. Was zählen dann ein paar Euro hier oder ein paar Menschenleben da?

Wer in dieser Abwägung recht hat, will ich nicht bewerten. Der Punkt, den ich an dieser Stelle mache, lautet: Die beteiligten Parteien bewegen sich voneinander weg, anstatt aufeinander zu. Immer extremer werdende Protestformen führen nicht zu mehr, sondern weniger Zustimmung in der Bevölkerung. Die Reaktanz-Spirale dreht sich und der ein oder andere wird sich die Frage stellen: Wenn im Team Klimaschutz so viele Irre mitlaufen, kann ich denen überhaupt trauen?

Beispiel Kultur. Wir erinnern uns an die Posse um den Party-Song „Layla" im Sommer 2022, als Kritiker forderten, den Song auf verschiedenen öffentlichen Veranstaltungen, insbesondere Volksfesten, nicht mehr zu spielen. Der Grund: Der Song beinhalte sexistische Textzeilen und degradiere Frauen. Nun kann man das für richtig halten und sich, gelinde gesagt, lächerlich machen oder man akzeptiert, dass ein besserer Ballermann-Hit, der auch von einem schizophrenen Schimpansen stammen könnte, niemanden zum Sexisten macht, weil sich beim betrunkenen Mitgrölen sowieso kein Mensch Gedanken über den Text macht.

Weder hört sich jemand diesen Song ernsthaft mit weniger als 1,5 Promille Blutalkoholwert an, noch geht es hier um Text und Botschaft. Das Lied zu verbieten, ändert im kollektiven Bewusstsein der Gesellschaft absolut gar nichts – das Einzige, was hier erreicht wurde, war Reaktanz bei der normalen Bevölkerung. Sogar Leute, die den Song weder kannten noch gut fanden, spielten den Song auf Privatveranstaltungen oder anderen Volksfesten rauf und runter – *just because*. Weil man sich einfach nicht vorschreiben lassen möchte, einen sinnbefreiten, beinah hirntoten Gassenhauer hören zu dürfen, wenn man das Bedürfnis danach hat. Und selbst bei denen, die von dieser Trotzreaktion unberührt geblieben sind, machte sich der Gedanke breit: Wenn im Team Kulturschutz so viele Irre mitlaufen, kann ich denen überhaupt trauen?

Und mit dem Beispiel des Layla-Songs sind wir beim letzten und beängstigendsten Teil des identitätspolitischen Bumerangs angekommen: der Radikalisierung der Gesellschaft.

D) Radikalisierung

Moment, Moment! Menschen werden doch nicht radikalisiert, weil man ihnen einen völlig irrelevanten Song wegnimmt! Sie werden auch nicht radikalisiert, weil sich Menschen auf die Straße kleben! Und sie werden schon gar nicht radikalisiert, weil die Militante Veganerin eine ganz unsympathische Person ist! Richtig, das ist auch nicht der Punkt, das ist noch nicht mal der Mechanismus, den ich beschreibe. Der endgültige Perverseffekt der Identitätspolitik ist sehr viel perfider: Er wird von rechts instrumentalisiert.

Ein Perverseffekt bezeichnet einen Mechanismus, der genau das Gegenteil dessen bewirkt, was er eigentlich tun sollte. Woke Identitätspolitik will Minderheiten schützen, Diskriminierung reduzieren und (Neo-)Nazis bekämpfen. Wie in diesem Kapitel beschrieben, hilft diese Politik Minderheiten nicht, sondern hält sie in ihrer Opferrolle gefangen. Diskriminierung wird nicht weniger, sie wird durch den übertriebenen Fokus auf die Unterschiede zwischen sozialen Gruppen noch verstärkt. Und, *worst of all*, rechte Bewegungen werden nicht schwächer, sondern stärker.

Nein, Wokies machen Leute nicht zu Neo-Nazis. Das ist nicht mein Vorwurf. Mein Vorwurf lautet: Wokies treiben normale Menschen in die Arme von Neo-Nazis, weil Neo-Nazis die absurden Auswüchse linker Identitätspolitik geschickt zu ihren Gunsten nutzen und sich als vernünftig profilieren. Die entstandene Entfremdung innerhalb der Gesellschaft, das Gefühl, dass man „gar nichts mehr sagen darf", dass „sowieso jeder gecancelt wird" und dass „die Wokies doch alle verrückt geworden sind", ist Wasser auf den Mühlen der Rechten. In diesem gesellschaftlichen Klima wirken gemäßigte AfDler plötzlich wählbar.

Und nicht nur das: Wenn im Mai 2024 ein Partyvideo viral geht, in dem die Sylter Schickeria „Deutschland den Deutschen, Ausländer raus!" skandiert, müsste das in jeder rationalen Welt ein handfester Skandal sein, der untragbar ist. Das sind eindeutige Nazi-Parolen, die in keinem Kontext zu dulden oder zu entschuldigen sind. Aber was machen die AfD und vor allem rechte Influencer daraus? Sie nutzen es als Steilvorlage für ein blitzsauberes Führungstor im Kulturkampf.

Auf dem Rücken der abstrusen Ausprägungen fehlgeleiteter Identitätspolitik, wo tatsächlich harmlose Partysongs wie Layla gecancelt werden sollen, wo ernsthaft darüber diskutiert wird, ob man sich noch Winnetou-Filme anschauen darf, und mit moralisierender Verve angestoßen wird, böse Worte aus Büchern zu streichen, wird der gerechtfertigte gesellschaftliche Aufschrei bei Nazi-Parolen als nächste Lächerlichkeit abgetan. „Erinnert ihr euch noch an Layla? Wisst ihr noch, wie bescheuert das war? Und jetzt machen sie das Gleiche bei einem harmlosen Meme. Den Text meint ja keiner ernst, die haben nur Spaß und sind betrunken – hier gibt es nichts zu sehen, weitermachen."

Damit haben sie einen riesigen Schritt in Richtung Mitte der Gesellschaft gemacht. Viel skandalöser als ein paar betrunkene, überprivilegierte Deutsche, die ganz, aber ganz massiv ins Klo gegriffen haben, ist die Tatsache, dass auf diese arglistige Art und Weise Nazi-Vokabeln und rechtes Gedankengut schrittweise sagbar und salonfähig gemacht werden. Was kommt als Nächstes? Wird es bald eine „ironische" Art geben, ein Hakenkreuz-Shirt zu tragen oder sich einen Hitlerbart anzukleben? Wie lange noch, bis auch so etwas sein soziales Stigma verloren hat, wenn es jetzt schon bei Parolen losgeht?

Wenn wir nicht in einem Land leben wollen, in dem rechtes Gedankengut wieder normal wird, müssen wir etwas dagegen tun. Sicher ist: So weiterzumachen und den Wokies das Ruder im gesellschaftliche Diskurs zu überlassen, ist keine Option. Einfach „noch woker" zu sein, lässt die Spirale der Reaktanz einfach schneller und weiterdrehen – gestoppt wird sie davon jedenfalls nicht.

Wir müssen dieses reaktionäre Pingpongspiel beenden, bevor es uns alle in den Abgrund reißt. Wir müssen aufhören, uns von Emotionen bestimmen zu lassen. Wir müssen aufhören, uns wie ängstliche Kinder zu verhalten. Wir brauchen kein Geschrei, wir brauchen Vernunft. Wir brauchen Dialog statt Dogma.

XII. Dialog statt Dogma

„It is better to have questions that can't be answered than answers that can't be questioned."

(Richard Feynman, US-amerikanischer Physiknobelpreisträger, 1918 – 1988)

Es ist ein uralter menschlicher Trieb, sich in eine Gruppe einzufügen. Für die meisten Menschen ist es deutlich angenehmer, sich mit Menschen zu umgeben, die einem ähnlich sind – das gilt für Überzeugungen genauso wie für biologische Facetten. Deshalb fühlen wir uns sicher und aufgehoben, wenn wir im Stadion neben fremden Fans unseres Vereins stehen oder mit unserer nächsten Familie zusammen sind. In der Psychologie und in der Soziologie bezeichnet man das als Tribalismus.

Tribalismus beschreibt aber nicht nur die positiven Aspekte, die Gruppenzugehörigkeit mit sich bringt. Eine besonders starke Identifikation und Loyalität gegenüber einer bestimmten Gruppe gibt uns zwar Sicherheit und Stabilität, indem sie unsere Überzeugungen und Bindungen zu anderen Menschen stärkt, sie kann aber auch dazu führen, dass wir Außenstehenden gegenüber feindselig eingestellt sein können. Je stärker und umfassender unsere Gruppenzugehörigkeit, desto höher die Wahrscheinlichkeit, eine „Wir gegen die"-Mentalität zu entwickeln.

Während wir bei einer Vereinszugehörigkeit in der Regel höchstens eine ausgeprägte Abneigung gegenüber einem Rivalen entwickeln, sind wir bezüglich unserer Kernfamilie oft bereit, beinahe alles zu tun. Während ein gesundes Dasein als Fan maximal in einer Kneipenschreierei endet, werden selbst die sanftesten Menschen zu Löwen, wenn es beispielsweise um das Leben ihrer Kinder geht. Das heißt, es gibt Unterschiede und gewisse Eskalationsstufen innerhalb einer Gruppenzugehörigkeit.

Selbstverständlich ist das individuell – manche Menschen haben aus diversen Grünen kaum Affinität für die eigene Familie, andere sind bereit, ihr gesamtes irdisches Leben nach einer göttlichen Phantasie auszurichten – und wenn nötig, gar zu beenden. Der Begriff Dogma hat seinen Ursprung in der Religion. Gemeinhin versteht man darunter einen Glaubenssatz, der als unumstößlich gilt und der unter keinen Umständen hinterfragt werden darf. Wenn du zum Beispiel Christ bist, ist die Auferstehung Jesu als zentrale Doktrin der biblischen Lehre nach dem Neuen Testament ein solches Dogma.

Wer das hinterfragt oder gar bestreitet, gilt als Häretiker und muss konsequenterweise aus der Gemeinschaft verstoßen werden. Denn ohne die gemeinsame Basis, die aus einzelnen oder mehreren Dogmen besteht, kann die Gemeinschaft per Definition nicht existieren. In der Vergangenheit (und leider teilweise auch noch in der Gegenwart) waren religiöse Dogmen für fanatisch gläubige Menschen so zentral, dass Ungläubiger und Ketzer bei entsprechenden Verfehlungen gar um ihr Leben fürchten mussten (und im Falle des Islams immer noch müssen).

Dieses Prinzip gibt es, wenngleich zum Glück selten auf Leben und Tod, auch in Teilen unseres Alltags. Wenn du Schalker bist, liebst du die Knappen. Wenn das nicht der Fall ist, bist du offensichtlich kein Fan und kannst, per Definition, nicht zur Gruppe der Schalke-Fans gehören. Logisch. Aber als richtiger Kumpel und Malocher gibt es noch einen weiteren Glaubenssatz, den es zu befolgen gilt: Du hasst den BVB aus Dortmund. Gehst du bei diesem Dogma nicht mit, gehörst du zumindest nicht zum engsten Ultra-Zirkel. Das Konzept wird in diesem, bis auf vereinzelte blutige Eskalationen, eher trivialen Beispiel hoffentlich klar.

Die Problematik rund um Dogmen sollte selbsterklärend sein, ansonsten würde ich empfehlen, dieses Buch noch mal von vorn zu lesen. Ein Dogma ist das absolute Gegenteil von Wissenschaft. Es ist wie Kryptonit zu Superman. Es ist das Ende des gesunden Skeptizismus. Wer fälschlicherweise davon ausgeht, die absolute Wahrheit zu kennen, ist hoffnungslos verloren, wenn er sich verbietet, sie zu überprüfen. Jedes Dogma birgt die Gefahr, uns auf dem Weg zum Fortschritt und einer besseren Welt zu bremsen. Die mannigfaltigen Probleme von Dogmatismus reichen von intellektueller und wissenschaftlicher Stagnation, die uns im Denken und Forschen einschränkt und damit Fortschritt verhindert, über soziale Spaltung und Intoleranz bis hin zur absoluten Radikalisierung.

Leider beschränkt sich moderner Dogmatismus nicht nur auf das Denken von Fußballfans, sondern betrifft auch weniger profane Bereiche: die Gesellschaftspolitik. Gerade im vorpolitischen Bereich nutzen Politiker und Parteien extreme Akteure, um den gesellschaftlichen Diskurs in bestimmte Richtungen zu bringen und die Grenzen des Denk- und Sagbaren zu verschieben. Dieses Fenster an akzeptablen Überzeugungen und Meinungen zu einem bestimmten Zeitpunkt nennt man Overton-Fenster. Ideen innerhalb dieses Fensters gelten als akzeptabel und diskussionswürdig, während solche außerhalb als extrem oder inakzeptabel angesehen werden. Dieses Fenster wird selbstverständlich aktiv durch die Politik beeinflusst und der aufmerksame Medienkonsument kennt die Strömungen und Tendenzen verschiedener Politiker und Parteien.

Das Overton-Fenster wird aber auch durch den vorpolitischen Bereich beeinflusst. Vorpolitisch meint jene Sphäre des gesellschaftlichen Lebens, die nicht direkt politisch ist, aber politische Einstellungen und Handlungen beeinflusst. Er umfasst kulturelle, soziale, moralische und ethische Werte und Normen, die das Fundament für politische Überzeugungen und Entscheidungen bilden. In diesem Bereich sind wir alle aktiv, der eine mehr, der andere weniger. Aber im Prinzip wirkt jede unserer Interaktionen mit unserer Umwelt über den vorpolitischen Bereich bis in die Politik hinein – so zumindest die Theorie. In einer perfekten Welt würde die Gesellschaft im vorpolitischen Bereich das Feld so bestellen, wie es für alle akzeptabel ist. Entsprechend würden die Politiker die Saat ihres Wahlkampfs auf diesem Feld säen und die Realpolitik in Regierungsämtern so gestalten, dass wir als Gesellschaft das ernten können, was wir wollen und brauchen.

Ein schönes Beispiel für die natürliche Verschiebung des Overton-Fensters aufgrund vorpolitischer Bemühungen, die in legislativen Resultaten mündete, ist beispielsweise die gleichgeschlechtliche Ehe in Deutschland. Während es in den 80er Jahren noch absolut verpönt war, sich überhaupt als schwul zu outen, weil Homosexualität noch mit dem Stigma einer abnormen Krankheit belegt war, hat sich das in den späten 90er und frühen 2000er Jahren drastisch geändert, zum Beispiel durch das Recht zur eingetragenen Lebenspartnerschaft in 2001. Nicht nur wurden Coming-Outs und Schwulsein normal, es wurde sogar salonfähig, über die gleichgeschlechtliche Ehe nachzudenken. Diese soziale Errungenschaft durften wir dann auch im Jahr 2017 endlich feiern und Kinder heutzutage können sich gar nicht mehr vorstellen, dass Homosexualität irgendwann mal komisch war.

Der vorpolitische Raum wirkt aber nicht nur positiv, sondern er wird auch dafür manipuliert, andere Ideen konsensfähig zu machen und ins Overton-Fenster zu bringen. Links und Rechts werfen sich diese Taktik permanent gegenseitig vor. Über Medien, soziale Netzwerke, Kampagnen und Think-Tanks werden Ideen entwickelt und verbreitet, die ins kollektive Bewusstsein eindringen und dadurch den Diskurs verschieben sollen. Nur wer diesen Mechanismus und ihre riesige Einflussgröße auf die Realpolitik durchschaut hat, kann verstehen, weshalb der Kulturkampf auch in Deutschland immer mehr an Fahrt gewinnt und extremer wird.

Dieser Prozess durch das vorpolitische Feld ist aber keineswegs per se schlecht. Im Gegenteil: Nur so können wir gesellschaftlich theoretischen (durch neue Ideen) und praktischen (durch Gesetze) Fortschritt erreichen. Nur wenn neue Ideen geäußert und frei diskutiert werden können, haben wir die Chance, voranzukommen. Auch dafür haben wir das Prinzip der Meinungsfreiheit in der Verfassung verankert. Nur wenn wir den Raum schaffen und die Denkweise etablieren, in der Menschen sich trauen, ihre Gedanken zu äußern, egal, wie absurd sie zunächst klingen mögen, haben wir überhaupt die prinzipielle Chance, die Welt zu verbessern und Stagnation oder Rückschritt zu verhindern.

Genau aus diesem Grund halte ich die Konzepte von Safe-Spaces und Trigger-Warnungen auch für kontraproduktiv, zumindest je größer und öffentlicher wir diese denken. Je öffentlicher ein Safe-Space, desto absurder die Idee. Ein Safe-Space soll Menschen Raum geben, sich sicher zu fühlen und nicht mit Gefahren oder negativen Emotionen konfrontiert zu werden. Ich mag hier nicht in Abrede stellen, dass es Safe-Spaces gibt, die an sich funktionieren und den betreffenden Personen wirklich helfen.

Ein Frauenhaus beispielsweise hat vielen Opfern von partnerschaftlicher Gewalt einen wichtigen Rückzugsort geliefert, in dem Frauen keine Angst vor Gewalt durch Männer haben müssen.

Kurzer Exkurs zum sogenannten Sorites-Paradoxon: Ich behaupte, dass ein Sandkorn ein Sandhaufen ist. Intuitiv wird jeder Leser diese Behauptung bestreiten. Wir können uns aber sicher darauf einigen, dass 100 Sandkörner einen Sandhaufen bilden (wir können auch von 1.000, 10.000 oder noch mehr Sandkörnern ausgehen), richtig? Dann sind sicherlich auch 99 (oder bei anderem Startpunkt 999, 9.999, ...) Sandkörner ein Haufen, richtig? Dann sind auch 98 Sandkörner ein Haufen, richtig? So geht es weiter, bis wir letztlich bei einem Sandkorn angekommen sind. Das Paradoxon verdeutlicht Folgendes: Es gibt nicht den einen Moment, in dem ein einziges Sandkorn den entscheidenden Unterschied macht, ob eine gewisse Anzahl Sandkörner noch einen Haufen darstellt oder nicht. Wir wissen aber intuitiv: es verändert sich irgendwann. Es gibt also eine kritische Schwelle – und so verhält es sich auch bei Safe-Spaces.

Je mehr Individuen sich in einem solchen Space aufhalten, desto mehr individuelle Interessen konzentrieren sich auf diesen Raum. Je inkludierender der Space, desto mehr Menschen, desto mehr Interessen, desto mehr subjektive Empfindungen sind präsent. Und ab einem Punkt X widersprechen sich konkrete Interessen – vielleicht hat jemand panische Angst vor Geräuschen, jemand anders kann nicht mit Stille umgehen. Was dann? Finden wir dann einen Safe-Space für Menschen mit Bedürfnis X und Angst vor Geräuschen und einen separaten Safe-Space für Menschen mit Bedürfnis X und Angst vor Stille? Das würde theoretisch gehen, zeigt aber auch die gleiche Problematik auf: Ein Safe-Space kann nicht unendlich groß sein. Safe-Spaces können also funktionieren, wenn Menschen in einem speziell definierten Raum zusammenkommen, die ähnliche Erfahrungen gemacht und vergleichbare Ängste haben. Es gibt aber definitiv eine kritische Schwelle dafür, wie viel ein solcher Space leisten und ab wann er kein Safe-Space mehr sein kann.

Weitergedacht folgt daraus: Eine Gesellschaft kann kein Safe-Space sein. Denn irgendwann reiben sich die Interessen und Bedürfnisse der einen Person (oder Gruppe) mit denen einer anderen Person (oder Gruppe).

Wie der Comedian Steve Hughes brillant auf den Punkt brachte (frei übersetzt): „Sich beleidigt zu fühlen, ist völlig subjektiv. Was mich verletzt, verletzt dich vielleicht nicht und umgekehrt. Ich fühle mich beleidigt, wenn ich Boybands sehe, um Gottes willen!" Es scheitert schlichtweg an der Größe und Verschiedenheit einer Gesellschaft, ein Raum zu sein, in dem sich wirklich alle wohlfühlen. Das spricht uns natürlich nicht von der Verantwortung frei, respektvoll miteinander umzugehen und die benachteiligten Personen und Gruppen zu schützen. Genau hier räsoniert Wokeness ja auch mit so vielen Menschen, die nach links tendieren – weil sie eben gute Ideen wie Gleichberechtigung und Schutz von Schwächeren propagieren. Gegner der Wokeness reiben sich in der Regel auch nicht an dieser Grundidee, sondern ihr Problem ist die Angst, a) dadurch Rede- und Meinungsfreiheit zu beschränken und b) fragile Menschen zu erziehen.

Populistisch gesprochen würde man das „Opfer-Mentalität" nennen, die gefördert wird. Wer es etwas differenzierter sieht, fordert mehr „Resilienz" von Personen, die entweder mit echter Diskriminierung oder bereits mit Mikroaggressionen zu kämpfen haben und auf Trigger-Warnungen (mehr dazu gleich) angewiesen sind. Das ist aber zu einfach und zu kurz gedacht. Niemand sucht sich aus, ein Opfer zu sein. Und mit „Reiß dich zusammen" hat man noch niemandem geholfen. Resilient zu sein bedeutet, nicht kaputt zu gehen, egal, wie viel Prügel man verbal oder physisch einsteckt.

Viel hilfreicher sind aber Prügel (im übertragenen Sinne), die uns stärker machen. Muskeln zum Beispiel sind nicht resilient, sie sind *anti-fragil*. Das bedeutet: Sie gehen unter Anstrengung nicht nur *nicht* kaputt, sondern durch das richtige Training werden sie sogar besser und stärker. Dieses Konzept gilt beispielsweise auch für unsere Knochen und laut Jonathan Haidt auch für unsere Psyche. Das heißt vereinfacht gesagt, dass meine Muskeln/Knochen/Gehirn stärker werden, je öfter ich einer angemessenen Anstrengung ausgesetzt bin. Wir kennen das als Training – regelmäßig Gewichte heben und der Bizeps wird größer.

Offensichtlich gibt es aber auch Grenzen: Kinder sollen rennen, spielen, klettern, fallen und ihr Knochengerüst belasten, denn so wird es stärker. Wird das aber maßlos übertrieben und das Kind bricht sich mehrfach seine Knochen, war die Belastung zu groß und ich sollte den gebrochenen Knochen definitiv nicht mehr weiter belasten. Auch Traumata funktionieren nach diesem Schema: Wird eine psychische Belastung zu groß, kann nachhaltiger Schaden entstehen und weitere Belastungen sind unbedingt zu vermeiden. Solche Leute müssen unbedingt vor weiterer unkontrollierter Traumatisierung beschützt werden – ein Fall, in dem Safe-Spaces sinnvoll sind. Will der Mensch aber irgendwann wieder zurück in die reale Welt, geht das nur über den schwierigen Weg einer Trauma-Therapie, in der man durch freiwillige und wohldosierte Trigger-Aussetzung die benötigte Resilienz oder Anti-Fragilität wiederaufbaut.

Mit dieser sehr vereinfachten Erklärung zu professioneller Psychotherapie möchte ich mich nicht als Psychologe oder Diagnostiker inszenieren. Mein Punkt soll sein, dass wir zwischen Menschen unterscheiden müssen, die bereits traumatisiert sind, und denen, die wir vor Traumata schützen wollen. Wer traumatisiert ist, braucht Safe-Spaces, professionelle Unterstützung und Unterstützung der gesamten Gesellschaft. Die beste Prävention vor echten Traumata ist aber, Menschen Resilienz und Antifragilität beizubringen – und dazu gehört, sie alltäglichem Widerstand auszusetzen. Andere Meinungen, Mikroaggressionen, Trigger-Wörter und sogar Beleidigungen – all das sind Dinge, mit denen wir im normalen Leben lernen müssen umzugehen, um das Risiko zu minimieren, überhaupt nachhaltig traumatisiert zu werden.

An dieser Stelle ein paar Worte zum Konzept der Trigger-Warnung, da es als Beispiel dafür dient, wie Wokeness abläuft. Über die letzten Jahre hat sich in vielen Institutionen, beispielsweise Universitäten und Schulen sowie Medien wie Filme, Serien oder Videos, eingebürgert, zu Beginn vor einer möglichen Traumatisierung durch den folgenden Inhalt zu warnen. Warum? Es wurde von linker Seite mit hohem Druck eingefordert, vorgelebt und behauptet, das wäre sinnvoll. Also beugten sich viele dieser Vorgabe, weil es ja positiv sei, Rücksicht zu zeigen. Viele beugten sich auch aus Angst vor Kritik. Wenn sich beispielsweise Lehrkräfte weigerten, wurden sie teilweise gecancelt.

Inzwischen hat sich aber herausgestellt, dass Trigger-Warnungen nicht funktionieren. Sie reduzieren den Schockwert des Inhalts nicht, sie erhöhen sogar die antizipatorische Angst der Betroffenen. Wenn solche Menschen „Trigger-Warnung“ nur lesen, werden sie bereits getriggert. Der einzige wirkliche Mehrwert liegt in der Selbstbestimmung von Personen, die so im Vorfeld frei entscheiden können, welche Inhalte sie konsumieren wollen und welche nicht. Für manche Menschen mit schweren Traumata kann es durchaus sinnvoll sein, auf diese Weise gewisse Inhalte zu meiden und analog zum Thema der Safe-Spaces können sie für wirklich traumatisierte Personen hilfreich sein.

Praktisch scheitert das Prinzip aber an einem ähnlichen Problem wie das der Safe-Spaces: Wenn es global Anwendung finden soll, führt es sich selbst ad absurdum. Sich getriggert zu fühlen, ist völlig subjektiv. Was mich triggert, triggert dich vielleicht nicht und umgekehrt. Im Prinzip könnte alles auf irgendjemanden triggernd wirken und wenn wir wirklich inklusiv sein wollten, dürften wir keine Unterschiede machen. Ich kann nicht für Psychologen oder Therapeuten sprechen, würde aber jedem Leser empfehlen, bei Gelegenheit einen solchen Experten zu befragen, ob PTBS (Posttraumatische Belastungsstörung) und die Folgen von Mikroaggressionen und sprachlicher Gewalt vergleichbar sind. Das Ergebnis meiner Recherche, was auch Gespräche mit Experten beinhaltet hat, sagt zumindest: So gut wie nie.

Warum ist das relevant? „Wokies“ bringen uns bei, Menschen ihre individuellen Trauma-Erfahrungen nicht abzusprechen bzw. diese nicht zu relativieren. Wenn jemand berichtet, er sei durch X traumatisiert worden, hätten wir das zu respektieren. Zu Ende gedacht bedeutet das: Wir müssen vor allem warnen, weil potenziell alles triggernd für irgendjemanden sein könnte. Wenn wir aber vor allem warnen, verliert die Warnung jeglichen Sinn. Wer in der realen Welt sein will, muss ohne Trigger-Warnungen navigieren können.

Noch mal: Das spricht uns nicht davon frei, diesen Menschen mit Respekt zu begegnen und auf individueller Ebene alles dafür zu tun, sie zu unterstützen und zum Beispiel zu vermeiden, sie zu triggern. Das sollte aber bereits der allgemeine Anstand gebieten. Wir können aus dieser Schlussfolgerung auf individueller Ebene aber keine Handlungsempfehlung für die Allgemeinheit ableiten – weil es schlichtweg auf der übergeordneten Ebene nicht funktioniert, Menschen vor jeder potenziellen Gefahr zu schützen.

Wenn wir also davon ausgehen, dass wir die Welt nicht zum ultimativen Safe-Space mit ausreichend Trigger-Warnungen machen können, und wenn wir davon ausgehen, dass ein gewisser Widerstand unsere mentale Gesundheit stärken kann, gibt es nur einen Weg, uns für die Herausforderungen der realen Welt zu wappnen: Wir müssen uns gewissen Dosen an Gegenwind aussetzen, um unsere individuelle und gemeinschaftliche Stabilität zu fördern. Das gilt übergeordnet für neue, schwierige Ideen, die unsere Gesellschaft betreffen, genau wie untergeordnet für die Herausforderungen im alltäglichen Leben.

Aber auch das hat natürlich Grenzen. Daraus lässt sich nicht ableiten, dass wir diejenigen einfach zurücklassen sollten, die beispielsweise durch heftige Diskriminierung nachhaltig traumatisiert sind. Für diese Menschen sind Safe-Spaces sinnvoll, aber das kann schlichtweg nicht der öffentliche Raum sein. Genau deshalb ist das Bestreben, alles immer politisch korrekter und inklusiver zu machen, der falsche Weg. Menschen muss individuell geholfen werden, sodass sie mithilfe der richtigen Unterstützung irgendwann wieder im Kollektiv der Gesellschaft klarkommen. Voraussetzung dafür ist, und das ist die andere Seite der Medaille, dass sie eine Gesellschaft vorfinden, die sie respektiert und in der nicht alles erlaubt ist.

Damit meine ich, dass Bemühungen zur Inklusion bis zu einem gewissen Grad absolut wichtig und richtig sind. Ohne solche Bemühungen hätten wir den vorpolitischen Raum nie von Diskriminierung über Toleranz zu Akzeptanz verschoben. Leider scheint dieses Verhältnis gestört zu sein, wie die Reaktanz im wütenden Kulturkampf zeigt, und wir müssen in ein Gleichgewicht finden, in dem wir keine notwendigen Diskussionen verhindern, trotzdem respektvoll genug mit den Schwächsten in unserer Gesellschaft umgehen. Und zum angemessenen Respekt gehört auch, diese Menschen als mündig wahrzunehmen und sie nicht auf immer und ewig zu infantilisieren und sie in ihrer Opferrolle gefangen zu halten.

Leider wird diese Art der Argumentation auch dafür missbraucht, jede Art von Meinung oder Rede zu legitimieren. Im theoretischen Sinne bin ich der Meinung, alles sollte sagbar sein und wir könnten durch Vernunft gute Ideen von schlechten unterscheiden. Haltungen, die wir direkt (per Gesetz) oder indirekt (gesellschaftliche Ächtung) verbieten, sollten sich in einem rationalen Diskurs von selbst disqualifizieren. Leider hat diese philosophische Überzeugung, die man als Absolutismus der Redefreiheit bezeichnet, praktische Grenzen. Wie in diesem Buch gezeigt, sind wir Menschen nämlich nicht vollständig rational, sondern beschränkt (siehe Kapitel II. „Bias"). Zudem haben wir verlernt, logisch zu denken und zu argumentieren (siehe Kapitel III. „Fehlschlüsse"). Deshalb müssen gewisse Dinge gesetzlich reguliert werden – weshalb es richtig ist, dass man sich beim „Feuer!"-Rufen in einem vollbesetzten Theater in den USA nicht auf das Recht der freien Rede berufen darf, und dass wir beispielsweise Nazi-Parolen oder Dritte-Reich-Symbolik unter Strafe stellen.

Im alltäglichen Leben gibt es aber leider sehr viele weniger eindeutige Fälle. In den zahlreichen Grauzonen beißen sich die Vorstellungen von Inklusion und Freiheit: Gemäßigte Linke wollen Minderheiten schützen, gemäßigte Konservative möchten frei sprechen und denken. Die Sensibilität der Wokies führt teilweise so weit, dass völlig normale Aussagen als „rassistisch", „sexistisch" oder „rechts" diffamiert werden und diese Vorwürfe bei tatsächlichem Rassismus, Sexismus oder Nationalismus ihre ganze Wucht verlieren. Weil insbesondere Internetaktivisten mit solchen Vorwürfen regelmäßig weit über das Ziel hinausschießen, bekommt sogar der unbedarfte Internetnutzer ohne politisches Lager das Gefühl, „diese ganzen linken Wokies hätten sie doch nicht mehr alle".

Doch nicht nur das. Die absurdesten Auswüchse dieser Bewegungen werden gar von rechts außen verwendet, um sich selbst als Instanz der Vernunft zu stilisieren. Wenn normale Menschen das Gefühl bekommen, man würde wirklich „von den Linken" für Kleinigkeiten an den Pranger gestellt und rechts seien diejenigen, mit denen mal vernünftig reden kann, dann hat rechts außen gewonnen. Der Vorwurf, ihre Positionen seien rassistisch, zieht nicht mehr – weil dieser Vorwurf bereits inflationär benutzt wird. Das langsame Erstarken der Rechten und deren Infiltration der Mitte bekämpfen die Wokies mit noch mehr politischer Korrektheit, mit noch absurderer Wokeness, mit noch mehr Cancel-Culture.

Wie viel Schutz für marginalisierte Gruppen brauchen wir und wie viel Freiheit im Meinungsaustausch? Wo genau liegt dieser Sweetspot, also der Bereich, in dem wir das richtige (oder zumindest ein akzeptables) Maß für beide relevanten Interessen finden? Keine Ahnung. Alles, was ich sicher weiß, ist, dass wir das nur gemeinsam im Dialog herausfinden. Ein Dialog kann aber nur funktionieren, wenn er ein paar Kriterien erfüllt. Er muss respektvoll und auf Augenhöhe sein, das heißt, wir müssen ehrlich versuchen, einander zu verstehen, auch wenn wir unterschiedlicher Meinung sind. Dazu muss der Dialog (im rechtlichen Rahmen) grenzenlos sein, denn sonst begrenzen wir bereits im Vorfeld künstlich unsere möglichen Ergebnisse. Außerdem muss er alle Erwachsenen an den Tisch holen und nicht irgendwelche „Verbündete", die angeblich im Namen von Betroffenen sprechen und diese gleichzeitig zu Opfern degradieren.

Und letztens, aber nicht zuletzt: Ein Dialog kann nur stattfinden, wenn wir keine Angst davor haben, unsere Meinung zu äußern. Cancel-Culture ist zwar gleichzeitig überschätzt und unterschätzt (Kapitel X. „Identitätspolitik"), unbestreitbar ist aber die kollektive Angst davor. Wenn wir aber selbst Angst haben, uns zu äußern, uns fürchten, schwierige Gespräche zu führen, in Panik sind, gecancelt zu werden, wer bleibt dann noch übrig?

Intellektuelle Reife erfordert den Mut, schwierige Fragen zu stellen und diese zu diskutieren. Das beinhaltet auch die Gefahr, dass uns die Antworten nicht gefallen oder wir gar keine finden. Wenn wir den Diskurs den Rändern des politischen Spektrums mit all ihren Dogmen überlassen, die uns predigen, sie hätten alle Antworten und diese seien nicht zu hinterfragen, dann haben wir bereits verloren. Denn in so einer Welt nehmen wir uns a priori sämtliche Chance darauf, überhaupt eine neue, bessere Antwort zu finden. Es braucht einen stetigen, ergebnisoffenen Prozess mit allen, die an einer besseren Welt für alle arbeiten wollen. Dieser Prozess heißt Dialog. Dialog statt Dogma.

Epilog

„He who knows only his own side of the case, knows little of that."

(John Stuart Mill, britischer Philosoph, 1806 – 1873)

Dieses Buch zu schreiben, war sehr fordernd. Es ist schwierig, verschiedene Zielgruppen inhaltlich zu bedienen. Ich hoffe, dass mir das gelungen ist. So sollten Leser, die bisher wenig mit dem Thema zu tun hatten, die Grundlagen im aktuellen Kulturkampf rund um die „Wokeness" verstanden haben. Auch Leser, die tiefer im Thema stecken, sollten neue Denkanstöße und Impulse gewonnen haben, sich weiter in das Thema einzuarbeiten oder die eigene Perspektive zu hinterfragen.

Zum anderen ist es eine Herausforderung, den richtigen Ton zu treffen. Der Spagat zwischen nüchterner Neutralität, um beiden Seiten gerecht zu werden bzw. sie nicht per se zu verprellen, und der angemessenen Deutlichkeit an Punkten, die eine Wertung erfordern, ist nicht so leicht. Meine Lektorin hatte alle Hände voll zu tun, mich wieder einzufangen, wenn ich mich hier und da verrannt hatte.

Auch wenn ich in diesem Buch viel Kritik, insbesondere an links-, aber auch rechtsextremen Bewegungen geäußert habe, glaube ich, meinem Anspruch gerecht geworden zu sein, ein verbindendes und nicht weiter trennendes Element im gesellschaftlichen Diskurs beizusteuern. Natürlich müssen wir akzeptieren, dass es zwischen den äußersten Rändern des politischen und gesellschaftlichen Spektrums kaum Möglichkeiten gibt, Einigkeit zu erzielen.

Mir ist aber wichtig zu betonen, wie viele Gemeinsamkeiten es gibt, insbesondere in der riesengroßen Mitte der Gesellschaft. Wir müssen wieder mehr Fokus auf das legen, was uns verbindet, statt nur das zu sehen, was uns trennt. Durch eine fehlgeleitete Identitätspolitik schaffen „Wokies" aber genau das nicht und erweisen uns und den Marginalisierten in unserer Gesellschaft via identitätspolitischem Bumerang einen Bärendienst.

Wir alle versuchen, die Welt für uns verständlich zu machen, und unterliegen dabei denselben Biases und sitzen den gleichen Fehlschlüssen auf. Wenn wir endlich anerkennen, wie fehlbar wir in unserem Denk- und Urteilsvermögen alle sind, und begreifen, dass die wenigsten Menschen aus purer Boshaftigkeit das tun, was sie tun, können wir wieder damit anfangen, den politischen Gegner als Mensch und nicht als Stereotyp wahrzunehmen und ihm auf Augenhöhe zu begegnen. Erst dann ist ein echter Dialog möglich.

Selbst wenn du dich wirklich auf der richtigen Seite mit den besseren Argumenten befindest – hör dir die Gegenseite an. Erkenne, dass deine Vorstellung dessen höchstwahrscheinlich nicht mehr ist als ein Strohmann. Erst wenn du die andere Perspektive in ihrer ganzen Komplexität verstanden hast, kannst du wirklich beurteilen, ob deine Argumente gut sind oder nicht. In jedem Fall wirst du dein Verständnis in der Sache vertiefen. Voraussetzung: Du operierst unter der Annahme, dass du falsch liegen könntest und dir das Gegenüber etwas Neues beibringen kann. Wer nur eine Seite der Angelegenheit kennt, weiß wenig davon – das schrieb John Stuart Mill bereits 1859 in seinem Klassiker „On Liberty" und meinte damit genau das.

Wir müssen freie Meinungsäußerung, auch wenn sie manchmal wehtut, nicht nur zulassen, sondern auch nutzen. Deswegen tun wir uns keinen Gefallen, wenn wir krampfhaft an unseren A-priori-Überzeugungen festhalten und jeden aus dem Diskurs ausschließen wollen, der unsere Dogmen infrage stellt. Diese Nachricht geht an alle, die sich in diesem Buch beleidigt gefühlt haben, ob sie sich sehr weit links oder sehr weit rechts einordnen. Deine Überzeugungen sind keine Fakten, egal, wie oft dir das von deinem Team eingeredet wird. Du wirst erst weiterkommen, wenn du erkennst, dass die Radikalität deines Weges die Welt nicht zu einer besseren macht.

Für alle, die ich zumindest etwas ins Wanken gebracht habe, was ihre Weltanschauung angeht und wohin sie sich tendenziell zugehörig fühlen:

Lass dir von denen, die von links oder rechts an dir zerren, nicht einreden, ihr Extremismus sei der richtige Weg. Deine legitimen Bedenken und Anliegen werden von einem Großteil der Bevölkerung geteilt und du wirst in gemäßigten Breitengraden innerhalb der Gesellschaft genug Menschen finden, die dir Verständnis entgegenbringen und mit denen du einen fruchtbaren Dialog führen kannst.

Diesen Dialog sollten wir alle laut führen – zumindest so laut, dass der Diskurs nicht weiter von rechten oder linken Schreihälsen übertönt wird und die Illusion aufrechterhält, als wären das die relevanten Stimmen, denen wir folgen sollten. In der Gesellschaft herrscht mehr Vernunft, als wir momentan glauben. Wenn uns die kollektive Vernunft zu gering erscheint, müssen wir bei uns selbst beginnen und uns im kritischen Denken schulen. Nur so können wir zuverlässig Bullshit von Fakten unterscheiden und sind weniger anfällig gegenüber populistischen Narrativen. Ich habe in diesem Buch die nötigen Schritte dafür skizziert und möchte noch ein letztes Mal jeden Leser dazu ermutigen, hier an sich zu arbeiten.

Last but not least müssen wir wieder mutiger werden. Wer sich und seine Meinungen aus Angst vor der Cancel-Culture selbst zensiert, lässt dieses Schreckgespenst erst wirklich real werden. Wir müssen mutig genug sein, eine Meinung zu haben und zu ihr zu stehen – aber wir müssen auch den Mut haben, uns selbst zu hinterfragen, überhaupt die schwierigen Fragen zu stellen, und bereit sein, unsere Meinung zu ändern. Das ist kein Ausdruck von Schwäche, sondern von der Stärke intellektueller Redlichkeit.

Sich gegen Ungerechtigkeit einzusetzen, erfordert ebenfalls Mut – etwas, das man der „Wokeness" auch als größter Kritiker nicht absprechen kann. Es erfordert aber auch Mut, ihren Einsatz aufgrund ihrer fragwürdigen Methodik zu kritisieren, weil man Gefahr läuft, als Rassist oder Ähnliches geframt zu werden. Dieser Gefahr setze ich mich mit diesem Buch aus. Es ist aber nötig und das Risiko wert, denn die Aktivisten müssen begreifen, wo sie durch die fehlgeleitete Identitätspolitik der „Wokeness" über das Ziel hinausschießen und mehr Schaden anrichten, als zu helfen.

Wir wollen alle eine Gesellschaft, in der Diskriminierung keinen Platz hat. Aber bis dahin brauchen wir keine Cancel-Culture, keine Sprachpolizei und keine Safe-Spaces. Wir brauchen einen offenen Diskurs darüber, wie wir das rechte und linke Dogma hinter uns lassen können, Menschen aufgrund bestimmter Eigenschaften anders zu behandeln. Führen wir stattdessen lieber die nötigen Dialoge, um das Bewusstsein zu schaffen, dass Marginalisierte keine Opfer sind, sondern erwachsene Menschen mit allen Rechten und Pflichten. Wie du und ich.

Wenn du mehr von mir hören und sehen möchtest, solltest du mir unbedingt auf YouTube und für mehr persönliche Einblicke auch auf Instagram folgen. Ich kann zumindest garantieren, dein Weltbild und deine Gedanken regelmäßig herauszufordern, und ich hoffe, deine kritischen Kommentare werden umgekehrt auch mich künftig zum kritischen Denken anregen – denn nur durchs Miteinandersprechen kommen wir weiter.

https://www.youtube.com/
@BiasedSkeptic

https://www.instagram.com/
biasedskeptic/

Liebe Leserin, lieber Leser,

hat Ihnen dieses Buch gefallen?
Ihr Feedback, Ihre Anregungen und Ihre Kritik bedeuten uns viel, denn sie helfen uns, unsere Bücher kontinuierlich zu verbessern.

Die Meinung und Zufriedenheit unserer geschätzten Leserinnen und Leser stehen im Mittelpunkt unseres Schaffens. Ihre Gedanken sind uns wichtig.

Zögern Sie daher nicht, uns zu kontaktieren und Ihre Gedanken mit uns zu teilen. Senden Sie uns einfach eine E-Mail an:
feedback@eulogiaverlag.de

Besuchen Sie auch gern unsere Verlagsseite und entdecken Sie weitere spannende Bücher unter:
www.eulogiaverlag.de

Wir sind gespannt auf Ihre Nachricht und freuen uns darauf, von Ihnen zu hören!

Herzlichst
Ihr **Eulogia Verlag**